Actualizad 2024

ISIS

La Fémina Divina

Moustafa Gadalla

Isis : La Fémina Divina
por MOUSTAFA GADALLA

CONTENIDO

1

ACERCA DEL AUTOR

Moustafa Gadalla es un egiptólogo independiente egipcio-esta-dounidense que nació en El Cairo, Egipto, en 1944. Tiene una licenciatura en ingeniería civil de la Universidad de El Cairo.

Desde su más tierna infancia, Gadalla persiguió sus raíces del Antiguo Egipto con pasión, a través del estudio y la investigación continuos. Desde 1990 dedica y concentra todo su tiempo a investigar y escribir.

Gadalla es el autor de veintidós libros publicados internacio-nalmente aclamados sobre los diversos aspectos de la historia y la civilización del Antiguo Egipto y sus influencias en todo el mundo. Además, opera un centro de recursos multimedia para estudios precisos y educativos del Antiguo Egipto, presentados de una manera atractiva, práctica e interesante que atrae al público en general.

Fue el fundador de la Fundación de Investigación Tehuti, que luego se incorporó al Centro de Sabiduría Egipcia multilingüe (https:// www.egyptianwisdomcenter.org) en más de diez idiomas. El sitio web también incluye otra actividad en curso que incluye su creación y producción de proyectos de artes escénicas como Isis Rises Operetta, Horus The Initiate Operetta; Egyptian Goddesses Operetta; y algunas otras producciones más a seguir.

2

PREFACIO

A diferencia de otros libros, este libro va a llenar tanto la mente con información completa, así como el corazón, con toda la gama de emociones.

Este libro explica el principio femenino divino como la fuente de la creación, tanto física como metafísicamente; la relación (y unidad) de los principios masculinos y femeninos; la explicación de una veintena de deidades femeninas como las manifestaciones de los atributos femeninos; el papel de la ideología Isis en todo el mundo; y mucho más. Esta edición ampliada del libro se divide en ocho capítulos y tres apéndices.

Capítulo 1: La Madre de la Creación cubre el papel de Isis en la secuencia de la creación, siendo su relación con Ra y Osiris una imagen de la totalidad de la creación.

Capítulo 2: La Dualidad de Isis cubre su doble naturaleza básica como Intelecto Divino, así como en el ciclo de creación y en la matriz universal.

Capítulo 3: Isis y Osiris — El dúo dinámico cubre las funciones combinadas de Isis y Osiris en el desarrollo y la generación de todas las creaciones en el universo

Capítulo 4: *Isis: La Virgen Madre de Dios* cubre su papel en la inmaculada concepción divina de su hijo Horus, el concepto de virginidad, su huida y refugio — junto con su hijo bebé — de las amenazas de las fuerzas del mal, y el sacrificio de la vida de su hijo.

Capítulo 5: *La numerología de Isis y Osiris* cubre los números de Isis y Osiris siendo 2 y 3 los números primarios de creación y crecimiento; y cómo estos dos números generan todas las figuras y formas, armonía musical y ritmos del universo.

Capítulo 6: *La Multitud de Atributos* de Isis cubre dieciséis deidades femeninas — la manifestación de Isis el principio femenino del universo creado.

Capítulo 7: *La Amada en Todas las Tierras* cubre la propagación de la religión egipcia en todo el mundo; la manera en que tales creencias viven en el cristianismo; y cómo las fiestas religiosas relacionadas con Isis en el Antiguo Egipto están adoptadas en el cristianismo para María en las mismas fechas que el calendario egipcio.

Capítulo 8: *El Corazón Majestuoso* cubre el impacto eterno de gran alcance de Isis sobre la humanidad buscadora de consuelo y de la panacea.

Apéndice 1: *Alegoría y Cosmología Egipcia* cubre como las alegorías bien hechas son la mejor, si no la única manera, de transmitir temas complejos para que la información se obtenga por todos.

Apéndice 2: *La Alegoría Egipcia Universal* — Isis y Osiris cubre una versión abreviada de la historia de la alegoría egipcia de Isis y Osiris, con énfasis en el papel de Isis, como el principio femenino divino, manifestaciones y aplicaciones. La narrativa se muestra dividida en segmentos, cada uno seguido por una evaluación metafísica concisa de cada segmento.

Apéndice 3: *Reflexiones Metafísicas del Corazón y el Alma* cubre los aspectos metafísicos del corazón (Isis) y el alma (Osiris) y cómo un ser humano es capaz de lograr la integración del corazón y el alma de adentro.

Moustafa Gadalla

3

NORMAS Y TERMINOLOGÍA

1. La palabra egipcia antigua, neter, y su forma femenina netert, han sido erróneamente, y posiblemente intencionadamente, traducidas como dios y diosa, por casi todos los académicos. Neteru (plural de neter/netert) son los principios y funciones divinos del Dios Único Supremo.

2. Usted puede encontrar variaciones en la redacción del mismo término del Antiguo Egipto, como Amen/Amon/Amun o Pir/Per. Esto se debe a que las vocales que se ven en los textos egipcios traducidos son sólo aproximaciones de sonidos, que son utilizados por los egiptólogos occidentales para ayudarles a pronunciar los términos/palabras del Antiguo Egipto.

3. Nosotros vamos a usar las palabras más comúnmente reconocidas por la gente de habla inglesa que identifican a un neter/netert [dios, diosa], un faraón o una ciudad; seguida de otras "variaciones" de tal palabra/término.

Cabe señalar que los nombres reales de las deidades (dioses, diosas) se mantuvieron en secreto con el fin de proteger el poder cósmico de la deidad. Se hace referencia a el Neteru por epítetos que describen una calidad, cualidad y/o aspecto(s) particulares de sus funciones. Lo mismo ocurre con todos los términos comunes tales como Isis, Osiris, Amón, Ra, Horus, etc.

4. Cuando utilicemos el calendario Latino, utilizaremos los siguientes términos:

AEC — Antes de la Era Común. También escrito en otras referencias como antes de Cristo.

EC — Era Común. También escrito en otras referencias como después de Cristo.

5. El término Baladi se utiliza en este libro para denotar la actual mayoría silenciosa de egipcios que se adhieren a las tradiciones del Antiguo Egipto, con una delgada capa exterior de Islam.[Ver *Ancient Egyptian Culture Revealed* por Moustafa Gadalla para obtener información detallada.]

6. Hubo/hay escritos del Antiguo Egipto/textos que fueron categorizados por los mismos egipcios como "religiosos", "funerarios", "sagrados", … etc. La academia occidental le dio a los textos egipcios antiguos nombres arbitrarios, tales como el "Libro de Esto", y el "Libro de Aquello", "divisiones", "expresiones", "hechizos", … etc. La academia occidental incluso decidió que cierto "libro" tenía una "versión Tebana" o "esta o aquella versión de periodo de tiempo"¡¡¿ Después de creer en su propia creación inventiva, la academia acusó a los antiguos egipcios de cometer errores y de faltarles parte de sus escritos?!!

Para facilitar la consulta, mencionaremos la categorización académica occidental común, pero arbitraria de los antiguos textos egipcios, a pesar de que los mismos antiguos egipcios nunca lo hicieron.

4

MAPA DE EGIPTO Y PAÍSES DE ALREDEDOR

200 millas
200 km
N
Persia
Golfo Pérsico
Irak
Siria
Arabia
Turquía
Ta-Apet
(Tebas/Luxor)
Mar Rojo
El Cairo
Sinaí
Sunt
(Asuán)
Alejandría
Guiza
Men-Nefer (Menfis)
Khemnu (Hermópolis)
Asiut
Abtu (Abidos)
Abu Simbel
Mar Mediterráneo
Egipto

1

ISIS: LA MADRE DE LA CREACIÓN

1.1 SU NOMBRE

El uso común de hoy en día del nombre, Isis, se limita a su aspecto de devoción materna, fidelidad y ternura. Pero ella es mucho más que eso, ella representa el principio femenino divino que incluye el poder creador que concibió — tanto física como metafísicamente — y produjo a todas las criaturas vivientes.

Los antiguos egipcios veían a Isis como el símbolo del principio femenino cósmico. Este principio abarca miles de las cualidades femeninas y atributos, y el egipcio tenía términos para describir cada manifestación de este principio femenino.

En la cultura de los pueblos de habla inglesa, un nombre no es más que una etiqueta para distinguir a alguien o algo de otro. Sin embargo, para los egipcios, tanto la mayoría silenciosa antigua como la actual, un "nombre" común representa el curriculum o sinopsis de las cualidades y atributos de una entidad. *Los nombres comunes* egipcios son los atributos y cualidades de cualquier entidad. Esto es similar a las palabras en inglés para carpintero, agricultor, etc., que representan una actividad específica.

En el idioma y en la cultura inglés nos referimos a su nombre como Isis, pero los egipcios tenían un término representativo que reconoce la totalidad de su principio femenino cósmico. Esta palabra/término global egipcio es **Auset**. Entonces, ¿qué hay en este "nombre" del Antiguo Egipto? Veamos el significado de Auset, para demostrar cómo un nombre representa cualidades y atributos.

Auset consiste en la palabra principal **Aus** y el sufijo **et**. Aus significa *la fuente, la potencia*. En matemáticas, decimos 2 a la potencia de 2. Esta potencia matemática se llama *Aus*. El sufijo "et" al final de Aus — et, es una terminación femenina.

Además de que **Aus** significa la fuente y la potencia, también significa el *origen, la causa*.

En este sentido, vamos a demostrar que Auset es la fuente, la potencia, y la causa del universo creado, incluyendo todo dentro de este universo.

Otro significado interesante para Au-set es **La Señora**, y de hecho ella es la Señora del Cielo y de la Tierra. Ella representa el principio femenino en el universo. Este principio se manifiesta de diferentes formas y maneras, y por lo tanto Isis fue llamada por los antiguos egipcios como *Auset [Isis] de los 10.000 Nombres (significando atributos)*.

Varias palabras se derivan directamente del nombre egipcio Auset, tales como *Seta*, lo que significa el número 6. Esto es muy importante porque 6 es el número máximo de espacio, volumen, y tiempo. El cubo con sus seis superficies es el modelo de la tierra. Como tal, representa el vientre del universo, así como el de la Tierra, como veremos en detalle más adelante.

Otro significado relacionado con el nombre Auset es la palabra **"asiento"**. Isis es representada siempre llevando un asiento o trono en la cabeza, símbolizándola a ella como la fuente de legitimidad, que se manifiesta en el Antiguo Egipto (al igual que la mayoría silenciosa de hoy en día) como adherencia a la sociedad matrilineal y matriarcal. Este tema será discutido más adelante en este libro.

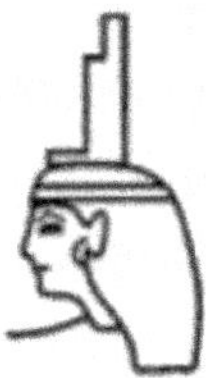

Como hemos señalado, el uso del nombre común en el idioma inglés de Isis dificulta nuestra comprensión de información valiosa, conocimiento y sabiduría. Sin embargo, para que sea más fácil para el lector de habla inglesa, vamos a seguir utilizando la palabra, Isis, y otros nombres del Antiguo Egipto más usados en el idioma inglés.

El rol de Isis como el principio femenino divino en el proceso de creación ha sido reconocido por todos. Ella existe en todas partes y es reconocida por todos desde tiempos inmemoriales. Plutarco hizo nota de esto en su *Moralia Vol. V,*

> *"Isis es, en efecto, el principio femenino de la naturaleza y susceptible de recibir toda forma de generación, y por la mayoría 'la de mil nombres' debido a que es conducida por la razón a recibir todo tipo de formas y figuras."*

Para apreciar el papel de Isis como el principio **femenino** de la naturaleza, tenemos que encontrar su papel cósmico primario en la secuencia ordenada de la creación del universo.

1.2 LA MATRIZ UNIVERSAL

Para aprender sobre la secuencia de la creación, hay que revisar en primer lugar el estado del universo antes de la creación.

Cada texto egipcio de la creación comienza con la misma creencia básica de que antes del comienzo de las cosas, había un abismo primigenio líquido en todas partes, oscuro, sin fin y sin límites o direcciones. Los egipcios le llamaron a este caos cósmico océano/agua, Nun, es decir, la no existencia. La nada que es la fuente de todo.

Los científicos están de acuerdo con la descripción del Egipto antiguo del origen del universo como un abismo. Los científicos se refieren a este abismo como una sopa de neutrones, donde no hay ni electrones ni protones, y sólo neutrones forman un enorme núcleo extremadamente denso. Tal caos, en el estado de pre — creación, fue causado por la compresión de la materia, es decir, los átomos no existían en sus estados normales, sino estaban apretados tan juntos, que muchos núcleos atómicos fueron amontonados en un espacio previamente ocupado por un solo átomo normal. En tales condiciones, los electrones de estos átomos fueron expulsados de sus órbitas y se movían libremente, es decir, en un estado caótico degenerado.

Esto representó el estado no polarizado de la materia antes del Big Bang. La energía condensada en la sopa de neutrones de precreación se acumulaba de forma continua hasta alcanzar una concentración óptima de energía que condujo a su explosión y expansión en lo que describimos como el Big Bang, hace unos 15 mil millones de años.

Las fuerzas gravitacionales y contraccionales se oponen a las fuerzas de expulsión que causan que todas las galaxias se muevan hacia afuera, entrelazándose las galaxias entre sí. En la actualidad, las fuerzas que se mueven hacia afuera superan las fuerzas contraccionales, y por lo tanto los límites de nuestro universo aún se están expandiendo.

El universo en expansión, como resultado del Big Bang, es como una gran burbuja, o mejor aún, es un tipo de matriz que contiene todo el universo. Este universo en expansión es la matriz que contiene toda la creación. Esta es la matriz de Isis — la madre universal de todos.

La creación se produce cuando la energía divina nace en un tipo de útero que está representado por Isis. El útero tiene varias manifestaciones. En el ámbito universal, es el espacio que contiene el universo. También es el útero de la madre o las semillas plantadas en el suelo, todas estas manifestaciones de la matriz representan a Isis.

Los científicos nos dicen que en un determinado punto de tiempo en el futuro, el universo detendrá su expansión y empezará a volverse más pequeño. La radiación de microondas de la bola de fuego del Big Bang (que todavía está corriendo alrededor) empezará a aplastarse, calentarse y cambiar de color de nuevo, hasta que se haga visible una vez más. El cielo se volverá rojo, luego naranja, amarillo, blanco, y terminará en el *Big Crunch*, es decir, toda la materia y toda la radiación del universo se colapsará en una sola unidad.

El *Big Crunch* no es el fin en sí mismo, ya que el universo reunido, universo comprimido — sopa de neutrones — tendrá el potencial de una nueva creación, que se llama el *Big Bounce*.

Esto nos muestra que la creación es básicamente un proceso que sigue un ciclo básico de nacimiento — vida — muerte y renacimiento. Reconocemos este ciclo cósmico como el Big Bang seguido por la vida, seguido por el Big Crunch; entonces estamos listos de nuevo para un Big Bounce y un nuevo ciclo de creación.

No sólo el universo sigue este ciclo, sino el hombre y otras criaturas siguen este ciclo básico también.

El tema principal de todos los textos del Antiguo Egipto es la naturaleza cíclica de la creación perpetua. Por lo tanto, no es sorprendente que los textos del Antiguo Egipto, que describieron el Big Bang, también han descrito, en los términos simbólicos egipcios habituales: El Big Crunch y el Big Bounce.

Los textos del ataúd egipcio, hechizo 130, nos dice que,

"Después de millones de años de creación diferenciada, el caos

antes de la creación volverá. Sólo el Completo [Atum] y Aus-Ra
permanecerán —ya no separados en el espacio y el tiempo.".

El texto del Antiguo Egipto nos dice dos puntos. El primero es el
retorno del universo creado al caos del final del ciclo de creación,
lo que significa el Big Crunch. El segundo punto es el potencial
de un nuevo renacimiento cíclico del universo como es simbolizado por la presencia de **Aus-Ra.**

Como se dijo anteriormente, la palabra **Aus** significa el poder de.
Como tal, **Aus-Ra**, es decir, *el poder de Ra [Re]*, es decir, el *renacimiento de Ra [Re]* o la creación en el abismo de un estado de pre-
creación.

El tema principal de los textos del Antiguo Egipto es la naturaleza cíclica de la creación, nacimiento, vida, muerte, y regenera-
ción.

1.3 EL UNO Y TODO — ATUM

La creación surgió del estado de no — creación. Tal estado del
universo representa el Ser Subjetivo — la energía/materia sin
forma, sin definición, y no diferenciada. Su energía inerte está
inactiva.

Por otro lado, el estado de creación es ordenado, formado, defi-
nido y diferenciado. La totalidad de la energía divina durante el
estado de creación es llamada **Atum** por los egipcios.

Atum significa la *Unidad de todo, el completo*. Está conectado con la
raíz, **"tam"** o "tamam", que significa *"estar completo"* o *"hacer un fin
de".*

En los textos del Egipto antiguo, Atum significa *esto que completa
o perfecciona*, y en la *Letanía de Ra*, Atum es reconocido como *el
Completo, el TODO.*

Numéricamente, uno no es un número, pero la esencia del principio subyacente de la serie, todos los otros números están hechos de él. Uno representa la Unidad: lo Absoluto como energía no polarizada. Atum como el número Uno, no es par ni impar, sino ambos. No es mujer ni hombre, sino ambos.

Atum es la totalidad de la matriz energética ordenada durante la fase de creación, mientras que Nun es el compuesto de energía desordenada — el Bienestar Subjetivo. La energía divina total dentro del universo se llama Nun en su estado de caos y Atum en su estado ordenado de creación/proceso.

Atum representa la liberación, en una secuencia ordenada, de la energía que existe dentro de Nun, es decir, traerlo a la vida. Esto representa el Ser Objetivo.

La energía divina que se manifiesta en el ciclo de creación se define por sus aspectos energéticos constituyentes que fueron llamados neteru por los antiguos egipcios. Para que la creación pueda existir y ser mantenida, esta energía divina debe pensarse en términos de principios masculinos y femeninos. Por lo tanto, los antiguos egipcios expresaron las fuerzas de la energía cósmica en los términos de *netert* (principio femenino) y *neter* (principio masculino).

La palabra egipcia *neter*, naturaleza o *netjer*, significa un poder que es capaz de generar vida y de mantenerla cuando se genera. Ya que todas las partes de la creación pasan por el ciclo de nacimiento-vida-muerte-renacimiento, también lo hacen las energías de conducción durante las etapas de este ciclo. Por lo tanto los antiguos egipcios neteru, siendo energías divinas, fueron y siguen pasando por el mismo ciclo de nacimiento-muerte-crecimiento y renovación. Tal entendimiento era común a todos, como fue señalado por Plutarco, las múltiples fuerzas de la naturaleza conocidas como neteru nacen o son creadas, sujetas a cambios continuos, envejecen, mueren y renacen. Cuando se piensa en neteru — no como dioses y diosas — pero como las fuerzas de la energía cósmica, uno puede ver el sistema del Antiguo Egipto como una representación brillante del cosmos.

ATUM, El Maestro del Cosmos se reconoce en los antiguos textos egipcios *como el completo, el que contiene todo.*

El texto del Antiguo Egipto dice:

> *"Tengo muchos nombres y muchas de las formas, y mi Ser existe en todos los neter [dios, diosa]".*

La semilla de la creación — de la cual todo lo que se origina es Atum. Y al igual que la planta está contenida dentro de la semilla, también todo lo que se crea en el universo es Atum.

Atum, el Uno que es el Todo, como Maestro del Universo, declara, en el papiro del Egipto antiguo comúnmente conocido como el *Papiro de Bremner-Rhind.*

> *"Cuando vine a la existencia, la existencia existía.*
> *Yo vine a la existencia en la forma de lo Existente, que vino a la existencia en la Primera Ocasión.*
> *Fui yo quien vino a la existencia en mi forma, habiendo venido a la existencia en la forma de lo Existente.*
> *Y fue así como lo Existente empezó a existir."*

En otras palabras, cuando el Amo del Universo empezó a existir, toda la creación empezó a existir, porque el Completo contiene el todo. Todos los textos del Egipto antiguo reflejan este pensamiento sofisticado que hizo hincapié en una secuencia progresiva y ordenada de la creación.

La creación es la clasificación (darle una definición/poner orden en) todo el caos (la energía/materia y la conciencia indiferenciada) del estado primitivo. Toda las explicaciones del Antiguo Egipto de la creación exhibieron esto con etapas claramente delimitadas y definidas.

La primera etapa de la creación fue representada por los egipcios como Atam/Atum/Adam emergiendo de Nu/Ny/Nun — la sopa de neutrones.

A lo largo de los textos del Antiguo Egipto, encontramos constantemente cómo un estado de ser se desarrolla o mejor aún emerge en el siguiente estado del ser. Y siempre nos encontramos con que cualquiera de los dos estados consecutivos son imágenes uno del otro. No sólo es eso científicamente correcto, sino que también es ordenado, natural y poético. Los egipcios eran famosos por escribir sobre estos temas científicos y filosóficos en las formas poéticas.

1.4 RE: EL ATUM MANIFIESTO

Atum representa la realización de la existencia cósmica total.

El papel de Ra en el proceso de creación se describe mejor en el capítulo 17 del antiguo *Libro para salir a la Luz del Día*, que todavía se llama erróneamente el *Libro de los Muertos*, donde aprendemos que Ra es la fuerza creativa cósmica primordial, la manifestación de Atum.

En el texto egipcio, Atum afirma:

"Aparecí como Ra en el horizonte oriental del cielo...".

Otra versión en este libro del Antiguo Egipto dice:

"Yo soy Atum (el todo) cuando estaba solo en el Agua abismal. Yo soy Ra en sus manifestaciones...".

Ra representa la fuerza primigenia, cósmica, creativa. La manifestación de A-tam.

Cuando Atum se combina con Ra (la fuerza creativa), la resultante es Atum-Ra, que representa la manifestación de la fuerza creadora.

1.5 ISIS: LA IMAGEN DE ATUM

Hemos visto cómo surgió una creación ordenada — en la forma de Atum, el Completo — del estado caótico de la pre-creación de Nun — la nada.

También hemos visto cómo un estado de ser se desarrolla o emerge en el siguiente estado del ser, y cómo cada dos etapas consecutivas son imágenes una de la otra. Nun y Atum son imágenes una de la otra, al igual que los números 0 y 1 — 0 es nada, nulo, y 1 significa el todo.

Lo primero que se desarrolló a partir de la luz de la unidad del Completo fue la fuerza de la Razón Activa, al hacer que dos surgiera del uno, por la repetición.

Este pensamiento racional activo divino es la primera "cosa" de las cuales la existencia puede proceder como el acto, descendiente, y la imagen del primero — Atum. La capacidad de concebir, tanto mental como físicamente, fue, naturalmente, representada por el principio femenino — Isis — el lado femenino de la unidad de Atum. Esto fue claramente confirmado en los escritos de Plutarco, donde escribió en su *Moralia Vol. V,*

> *"..debido a que es conducida por la razón a recibir todo tipo de formas y figuras".*

Es Isis, esta Mente-Divina, Intelección-Divina, o Principio-Intelectual-Divino, la que inicia la existencia de la Pluralidad, Complejidad, o Multiplicidad.

La relación entre el amo del universo — El Completo — y la madre de la creación se describe mejor en términos musicales. La relación entre Atum — el Completo — y su imagen femenina (Isis) es como la relación entre el sonido de una nota y su nota octava. Considere una cuerda de una longitud dada como unidad. Póngala a vibrar, produce un sonido. Detenga la cuerda en su punto medio y póngala a vibrar. La frecuencia de las vibraciones producidas es el doble de la que emana de toda la cuerda, y el tono se eleva una octava. La longitud de la cuerda se ha dividido en dos, y el número de vibraciones por segundo se ha multiplicado por dos: la mitad (1:2) de lo que se crea con su imagen opuesta (2:1), 2/1. Esta relación armónica está representada por Atum e Isis.

El número de Isis es dos, que simboliza el poder de la multiplicidad, la hembra mutable, receptáculo, horizontal, representando la base de todo. En el pensamiento del Antiguo Egipto, Isis como el número dos es la imagen del primer principio — el intelecto divino.

1.6 ISIS: LA MUJER RA

La relación del intelecto al Completo, Atum, es como la relación de la luz del sol fluyendo del sol. Los textos egipcios antiguos describen a Isis como la luz del sol divina, ya que ella se llama

La hija del Señor universal.
El Ra femenino.
La dadora de la luz del cielo con Re.

Isis entonces, es la energía emanada del Completo. Como el principio femenino en el universo, sólo ella puede concebir y parir el universo creado.

En otras palabras, Isis es la imagen del impulso cósmico creativo — reconocido por el término Re. Por lo tanto, cuando se habla de Re, el texto del Antiguo Egipto dice:

"Tú eres los cuerpos de Isis".

Esto implica que Re, la energía creativa, aparece también en los diferentes aspectos del principio femenino cósmico Isis. Como tal, Isis se reconoce como:

El Ra femenino.
La Señora del principio de los tiempos.
El prototipo de todos los seres.
El más grande neteru — [se refiere a las fuerzas divinas].
La reina de todos los neteru.

Isis se reconoce en los textos del Antiguo Egipto como la Diosa — Madre. Cómo la amorosa Isis — es nuestra Diosa — Madre. Ella — el principio femenino — es la matriz del universo creado. Matriz come un término maternal, mater-x.

Isis, siendo la imagen replicada de la totalidad de la creación, es la que contiene todas las criaturas. Una vez más, en términos musicales, encontramos que entre la nota original (producida a partir de toda la longitud — *Do*) y el sonido producido en el punto medio — su octava — Do1, hay seis posiciones en las que el oído interpreta seis sonidos armónicos diferentes (*Re, Mi, Fa, Sol, La, Si*), situadas a distancias desiguales entre sí. La reacción de todos los sonidos de tonos naturales se caracteriza por una inconfundible sensación de equilibrio. Este sentido de equilibrio y armonía se rigen por una de las manifestaciones — femeninas de Isis conocida como Maat.

1.7 ISIS: LA ESTRELLA PERRO

Durante los períodos muy remotos de la historia del Antiguo Egipto, Isis se asoció con la estrella Sirio, la estrella más brillante en el cielo, que fue llamada, como ella, la *Gran Proveedora*. El calendario muy ingenioso y preciso de Egipto se basa en la observación y el estudio de los movimientos de Sirius en el cielo.

Numerosos monumentos se pueden encontrar en los sitios del Antiguo Egipto que certifican su plena conciencia y conocimiento de la cosmología y astronomía. Una especie de observación astronómica sistemática se inició en el Antiguo Egipto, en un periodo muy temprano. Los antiguos egipcios compilaban la información, haciendo gráficos de las constelaciones, basadas en observaciones y registros de Sirius y de *la estrella que sigue a Sirius.*

Los griegos, romanos y otras fuentes antiguas afirmaron que los egipcios consideraban a Sirius como el gran fuego central, alrededor del cual orbita nuestro sistema solar. Los movimientos de Sirius se asocian íntimamente con otra estrella compañera. Sirius y su compañera están girando alrededor de su centro de gravedad común o, en otras palabras, girando alrededor entre sí. El diámetro de Sirius es inferior a dos veces el diámetro de nuestro sol. Su compañera, sin embargo, tiene un diámetro de alrededor de sólo tres veces el diámetro de la tierra, sin embargo, pesa alrededor de 250.000 veces más que la Tierra. Su material se concentra con tanta fuerza, que es alrededor de 5.000 veces más denso que el plomo. Tal compresión de la materia significa que los átomos de compañera de Sirius no existen en sus estados normales, pero se comprimen tan estrechamente juntos, que muchos núcleos atómicos se amontonan en un espacio previamente ocupado por un sólo átomo normal, es decir los electrones de estos átomos son expulsados de sus órbitas y se mueven libremente (un estado degenerado). Esta es la Nun egipcia, la sopa de neutrones — el origen de toda la materia y energía en el universo.

El movimiento de la compañera de Sirius sobre su propio eje y alrededor de Sirio, sostiene toda la creación en el espacio, y como tal se considera el punto de partida de la creación. Los antiguos registros egipcios afirman que el comienzo del período de Sirio se correspondía con el principio del mundo — el comienzo de un ciclo zodiacal de alrededor de 26.000 años.

1.8 EL CORAZÓN (ISIS) ENGENDRA EL ALMA (OSIRIS)

Ahora, con el plan de la creación concebido en la Razón Divina, el siguiente paso lógico es traerlo a la vida. Por lo tanto Isis — el Pensamiento — Divino engendra una potencia apta para la realización de su Pensamiento. El Alma Total, o Alma Universal del Todo, trae a la vida o a la animación el plan de creación. El alma universal fue representada en el Antiguo Egipto por Osiris — la tercera en la secuencia de la creación y la número 3 se comunicó a través de él. Osiris es la emanación eterna y la imagen de la Segunda Hipóstasis, el Principio Intelectual.

Cada etapa de la creación tiende a generar una imagen de sí misma; también tiende a reunirse con la siguiente más alta, de la cual es en sí una sombra o menor manifestación — para Isis es una imagen del primer principio y su sombra es Osiris. ¡Qué esclarecedor!

En la secuencia ordenada de la creación, era el principio femenino Isis, quien después de concebir el plan le dio vida. Como tal, Isis se llama:

> *Isis, la Dadora de la Vida.*
> *Isis, la Señora de la Vida.*
> *Isis, la Generadora de Vida.*
> *Isis, la habitante en Neteru.*

Isis es la dadora de la fuerza de vida universal — Osiris.

Isis y Osiris también son imágenes especulares entre sí. O, en otras palabras, la hembra y el macho son imágenes especulares entre sí.

En el plano intelectual, el principio femenino es tanto pasivo como activo, ya que Isis concibe el plan en un modo pasivo, entonces ella ofrece la vida al plan, lo que refleja su actividad como una extensión de su pasividad, es decir, el soporte del intelecto y el alma del mundo en la relación del intelecto activo y pasivo.

El intelecto es como es, siempre el mismo, descansando en una actividad estática. Este es un atributo femenino. Movimiento hacia ella y alrededor de ella es la obra del alma, que procede del intelecto al alma y volviendo al alma intelectual, no haciendo otra naturaleza entre el intelecto y el alma.

Y en el nivel del alma, Isis es el alma pasiva y Osiris es el alma activa.

Una y otra vez, nos encontramos que la secuencia de la creación se basa en una etapa, siendo la progresión natural, así como la imagen de la siguiente etapa, y a la inversa. Desde activo — pasivo a pasivo — activo es la reacción en cadena (por así decirlo) de la creación.

El tiempo se presenta como la "vida" del alma, a diferencia de la Eternidad, que es el modo de existencia del intelecto. Sin embargo, el alma es una entidad que abarca diversos niveles de la realidad, y nos encontramos en ocasiones el aspecto más elevado, al menos, del alma en gran medida asimilada al intelecto.

La relación del alma con el intelecto es como la relación de la luz de la luna a la luz del sol. Del mismo modo que cuando la luna se llena de la luz del sol, su luz se convierte en una imitación de la luz del sol. Del mismo modo en que cuando el alma recibe la efusión del intelecto, sus virtudes se vuelven perfectas y sus actos imitan los actos del intelecto. Cuando sus virtudes llegan a ser perfectas, entonces se conoce su esencia o su propio ser y la realidad de su sustancia.

Las fuerzas combinadas de la mente divina y el alma divina hacen que la creación del mundo natural sea posible. Isis como el Principio-Intelectual-Divino tiene dos actos: el de la contemplación para arriba hacia El Uno y el de "generación" hacia abajo del Todo Alma. Del mismo modo, el Todo Alma tiene dos actos: a la vez contempla el Principio Intelectual y "genera" en la generosidad de su propia perfección de la naturaleza — el Alma Observadora y Generativa, cuya operación es generar o fabricar el inferior, el Universo material sobre el modelo de los Divinos Pensamientos, las "Ideas" establecidas en el seno de la Divinidad-Mente.

El Todo-Alma es la causa móvil de movimiento, así como de la Forma, o Universo captado por los sentidos o materialmente, que es el acto y emanación del alma, imagen y "sombra".

Con las fuerzas combinadas de las energías femeninas y masculinas, el plan de la creación puede venir a la vida.

2

LA DUALIDAD DE ISIS [ISIS Y NEFTIS]

2.1 LA DUALIDAD DEL INTELECTO DIVINO

Anteriormente, se encontró que las facultades intelectuales de Isis condujeron a la concepción y creación del alma animada que llamamos Osiris. Pero la dualidad también existe en el ámbito intelectual de Isis cuyo número simbólico es el 2 y sus múltiplos.

La naturaleza dual complementaria del intelecto está en su capacidad de analizar lo que se sigue o en conducir a la posibilidad de conciliar. Esta doble naturaleza del intelecto fue simbolizada por las dos hermanas: Isis y Neftis. Isis y Neftis son retratadas como "hermanas" para poner de relieve sus numerosos simbolismos/actividades duales.

Isis está representada por la cobra, mientras que Neftis está representada por el buitre.

La poderosa cobra, que puede tragarse un animal enorme y digerirlo, era para los egipcios la manifestación terrenal de la inteligencia divina. La facultad de la inteligencia le permite a una persona descomponer un todo (emisión/cuerpo complejo) en sus partes constituyentes, con el fin de digerirlo.

El simbolismo intelectual de la cobra se complementa con la reconciliación primordial del buitre. La reconciliación es también un aspecto femenino del universo.

El intelecto requiere la capacidad de analizar (romper), reconciliar y asimilar.

2.2 LA NATURALEZA DUAL DEL CICLO DE CREACIÓN

Las dos deidades femeninas Isis y Neftis aparecen juntas en numerosos lugares en los registros egipcios. Ellas casi siempre se representan juntas y muy raramente se representan de forma individual.

Pueden considerarse hermanas gemelas — o mejor aún, la naturaleza dual del principio femenino.

En la tumba de la reina Nefertari, nos encontramos con la deidad solar verde rejuvenecida en un cuerpo momiforme.

A la derecha, cerca de Isis, leemos:

Este es Ra que viene a descansar en Osiris.

A la izquierda, cerca de Neftis, leemos:

Este es Osiris que viene a descansar en Re.

Los textos egipcios se refieren a Ra y a Osiris como *las almas gemelas.*

Las dos deidades masculinas de Ra y Osiris tienen una contrapartida en la naturaleza dual femenina del ciclo de creación, en concreto, *las hermanas gemelas.*

2.3 LA NATURALEZA DUAL DE LA MATRIZ UNIVERSAL

En el plano cósmico, Isis representa la multiplicación, la fertilidad, y la expansión de la matriz de una madre o la enorme burbuja creciente que llamamos el universo. Su hermana Neftis asegura la expansión ordenada y armónica mediante el establecimiento de límites o limitaciones externas sobre la expansión. Ambos aseguran una expansión y contracción ordenada (energías divinas) entre el Big Bang y el Big Crunch.

En el ámbito universal, Isis representa el vientre en expansión activo que se llama el universo, y su hermana gemela Neftis representa el límite exterior o perímetro de la burbuja universal.

Las hermanas gemelas son imágenes especulares entre sí. Isis representa la parte del mundo que es visible, mientras que Neftis representa la que es invisible.

Isis y Neftis respectivamente, representan las cosas que son y las cosas que están por venir, el principio y el fin, el nacimiento y la muerte, la vida y la muerte.

Isis simboliza el nacimiento, el crecimiento, el desarrollo y el vigor. Neftis representa la muerte, el decaimiento, la disminución y la inmovilidad. Neftis representa la muerte, y se asocia con la llegada de la existencia de la vida que brota de la muerte. Isis y Neftis fueron, sin embargo, inseparablemente asociadas entre sí, y en todos los asuntos importantes que conciernen al bienestar de los difuntos que actuaron juntos, y que aparecen juntos en bajorrelieves y viñetas.

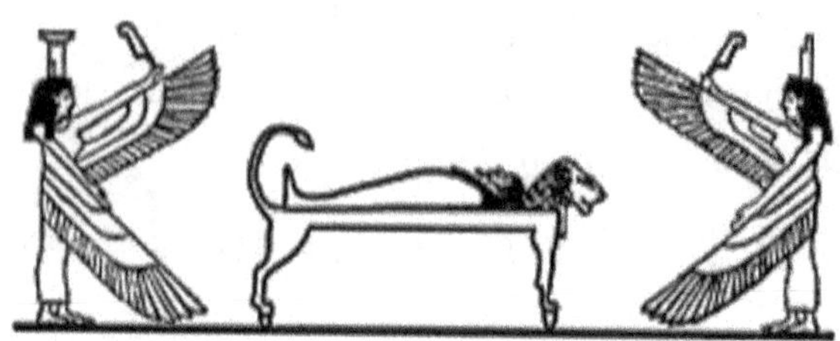

Ya que como es arriba es abajo, la doble acción de las dos hermanas en el nivel cósmico se encuentran en la tierra, y una de sus manifestaciones duales es su representación de la fertilidad de la tierra de Egipto.

Isis representa las partes fértiles de la tierra, mientras que su hermana, Neftis, representa el perímetro estéril de la fertilidad. En su *Moralia Vol. V*, Plutarco lo explicó:

> *"...Los egipcios así llaman y consideran a la tierra cuerpo de Isis... sino la que el Nilo cubre, fecundándola y uniéndose a ella... Dan el nombre de Neftis a las regiones mas extremas de la tierra, las limítrofes de las montañas y las del borde del mar. Por esta razón aplican también el epiteto 'Fin' a Neftis".*

Isis, en varios de sus 10.000 nombres, se llama:

> *Creadora de las cosas verdes.*
> *Diosa verde cuyo verdoso color es semejante al verdador de la tierra.*
> *Señora de la abundancia.*
> *Señora de cosechas verdes.*
> *La netert verde (Uatchet).*

Al final de las áreas verdes que están llenas de vida está Neftis, cuyo nombre de "finalidad" significa *completo, concluyente, establecido.*

2.4 LAS DOS SEÑORAS Y LA DIADEMA

Las hermanas gemelas tenían un papel importante en la formación de reyes. En uno de los muchos atributos de Isis, ella es llamada,

> *La Generadora de Reyes.*
> *Isis, quien le entrega al rey su rango, sin el cual no puede existir ningún rey.*

En los textos del Antiguo Egipto, el rey declara que debe su soberanía al favor de las hermanas Par — Isis y Neftis. Sus representaciones simbólicas se encuentran en las famosas diademas que llevaban los faraones egipcios.

Uno de los títulos del rey de Egipto era el *señor de la diadema del buitre y de la serpiente*. La diadema, combinando la serpiente y el buitre, era el símbolo terrenal del hombre divino, el rey. La diadema consistía en la serpiente (símbolo de la función intelectual de división), y el buitre (símbolo de la función de la reconciliación). El hombre divino debe ser capaz tanto de distinguir como de conciliar. Dado que estos dos poderes residen en el cerebro del hombre, la forma del cuerpo de la serpiente sigue las suturas fisiológicas reales del cerebro, en el cual se asientan estas facultades particularmente humanas. Situado en el centro de la frente, la diadema representa el tercer ojo, con todos sus poderes metafísicos.

ISIS Y OSIRIS — EL DÚO DINÁMICO

3.1 DUALISMOS EN EL ANTIGUO EGIPTO

El mundo, tal como lo conocemos, se mantiene unido por una ley que se basa en la naturaleza dual equilibrada de todas las cosas (conjuntos, unidades). Entre pares polarizados notables hay: masculino y femenino, par e impar, negativo y positivo, activo y pasivo, luz y oscuridad, sí y no, verdadero y falso — cada par representa un aspecto diferente del mismo principio fundamental de la polaridad. Y cada aspecto forma parte de la naturaleza de la unidad y de la naturaleza de la dualidad.

La expresión más elocuente de la naturaleza dual se presenta en el texto del Antiguo Egipto, conocido como el *Papiro de Bremner-Rhind:*

> *"Estaba por delante de los Dos Anteriores que he hecho, pues no tenía prioridad sobre los Dos Anteriores que he hecho, ya que mi nombre fue anterior al de ellos, porque yo los hice anteriores a los Dos Anteriores...".*

La naturaleza dual universal de la creación se manifiesta en diversas aplicaciones, como se identifica en el Antiguo Egipto.

Cada aspecto dualista del proceso de creación está representado por dos atributos divinos — neteru. Dependiendo de cada aspecto específico, la neteru dualista puede ser:

– Una hembra y un macho
– 2 hembras
– 2 machos
– 2 mitades de unisex

Varios duales se utilizaron en el Antiguo Egipto para corresponder a las diversas situaciones. Un vistazo rápido de las muestras de aplicaciones egipcias se pueden ver en las siguientees tres áreas:

A. Aspectos Creativos — Formativos

a – Shu y Tefnut—representan la acción inicial de la creación, formando la burbuja universal
b – Isis y Neftis—expansión y contracción de la burbuja universal
c – Isis y Osiris representan la acción dentro de la burbuja universal

B. Aspectos Unificantes — [atando el nudo]

a – Horus y Thoth
b – Dos Hapis [unisex]
c – Qarin de las dos tierras

C. Aspectos Cíclicos

a – Osiris y Horus
b – Ra y Osiris
c – Aker

La doble **Shu** y **Tefnut** representan la acción inicial de la creación. El universo creado está sujeto a dos fuerzas opuestas.

1. las fuerzas de expulsión, que causan que todas las galaxias se alejen de nosotros. **Shu** representa esta fuerza. Él simboliza el calor y el aire, un aspecto masculino del universo naciente y en expansión.

2. la fuerza que se opone a la expulsión y la expansión es una fuerza contraccional, que tira de las galaxias entre si. **Tefnut** simboliza esta fuerza de contracción, un aspecto femenino del universo para juntar las cosas, la Madre del Cubil.

Isis y Osiris son la doble dinámica que regula la acción dentro de la burbuja universal que contiene toda la creación.

Los aspectos más significativos de esta dualidad se describen mejor por Diodoro de Sicilia, que escribió en su libro, *Volumen I,*

> *"Isis y Osiris administran todo el cosmos, alimentando y aumentando todas las cosas... Y éstas proporcionan la mayor parte de la materia para la adquisición de vida de todas las cosas..."*

Aquí vamos a mostrar algunas manifestaciones de la interacción entre los principios femenino y masculino de Isis y Osiris, tales como la permanencia del principio femenino y lo temporal, cambiante y principio masculino cíclico tal como se aplica a

- **Principios solares y lunares**
- **Cuatro elementos de la creación**
- **Papel social de Isis y Osiris**

3.2 ISIS Y OSIRIS COMO LOS PRINCIPIOS SOLARES Y LUNARES

El significado y la interacción entre los principios solares y lunares es simbolizado por el sol y la luna.

El sol y la luna, cómo se relacionan con Isis y Osiris, entre otras cosas, se describen mejor por Diodoro de Sicilia en el *Libro I, 11. 5-6,*

> *"Estos dos neteru (dioses), administran todo el cosmos, alimentando y aumentando todas las cosas...*

Y éstas, con una naturaleza muy distinta unas de otras, completan el año en la mejor harmonía y proporcionan la mayor parte de la materia para la adquisición de vida de todas las cosas; uno de esos neteru (dioses) — Isis y Osiris —, de lo ardiente y del espíritu, y la otra, de lo húmedo y de lo seco; ambos en común, del aire; y, gracias a ellos, todo se engendra y se alimenta. Y, por tanto, todo el cuerpo de la materia del universo se compone del Sol y de la Luna; en cuanto a sus cinco partes antes citadas: el espíritu, el fuego, lo seco, también lo húmedo y, finalmente, lo aéreo, como en el hombre enumeramos cabeza, manos, pies y las otras partes, de la misma manera el cuerpo del cosmos está todo constituido de lo antes citado".

Las declaraciones de Diodoro destacan que:

1. El concepto egipcio de los neteru (dioses, diosas) son las fuerzas de la naturaleza y no personajes reales.
2. La importancia de los cuatro elementos de la creación.
3. El cuerpo humano es un universo en miniatura.

Por lo tanto el modelo arquetípico de principios solares y lunares se basa en el hecho de que todos los aspectos del universo siguen este criterio de un principio femenino original y permanente, y un principio masculino cíclico, cambiante y en movimiento. La hembra es el sol, la fuente de energía, y el principio masculino es la luna que manifiesta/refleja esta energía en el universo.

3.3 ISIS, OSIRIS Y LOS CUATRO ELEMENTOS DE LA CREACIÓN

De los cuatro elementos de la creación — tierra, agua, aire y fuego, el elemento que es sólido y permanente es la tierra.

Muchos de los 10.000 nombres de Isis se refieren a que ella es Madre Tierra:

La reina de la tierra.
Señora de la tierra sólida.

Los cuatro elementos del mundo (agua, fuego, tierra y aire) fueron descritos por Plutarco en su *Moralia, Vol. V*:

"Los egipcios simplemente dan el nombre de Osiris a todo principio y fuerza productores de humedad, por considerarlo causa de la generación y sustancia del germe vital; el de Tifòn, en cambio, a todo lo seco, ardiente, árido en una palabra, y a lo enemigo de la humedad.

E igual que al Nilo flujo de Osiris, así llaman y consideran a la tierra cuerpo de Isis, no a toda, sino la que el Nilo cubre fecundándola, y uniéndose a ella; y de esta unión engendran a Horus. Es Horus la sazón y mezcla del aire circundante que todo lo conserva y nutre.

La insidia y la tiranìa de Tifón representan el poder de la sequedad que se impone y evapora la humedad que da origen al Nilo y lo acrecienta".

Así que mientras Isis, el principio femenino divino, representa la tierra sólida, los otros tres elementos son representaciones del principio masculino cambiante.

Osiris es el agua que va y viene, que sube durante las inundaciones y la marea alta, y que se retira y se evapora totalmente, es decir, desaparece para levantarse de nuevo en un nuevo ciclo.

Horus es el aire moviéndose, cambiando. Se eleva cuando se calienta, y se cae cuando se enfría.

Seth es el fuego en movimiento, causando sequías.

3.4 EL PAPEL SOCIAL DE ISIS Y OSIRIS

Como se indicó anteriormente, Isis representa el sol, y su marido

Osiris representa la luna. La luz de la luna (Osiris) es un reflejo de la luz del sol (Isis).

El sistema social/político del Antiguo Egipto cumple con la relación entre el sol (hembra) y la luna (macho). Como resultado, este derecho social/político era reflejado en la alegoría egipcia de Osiris, que se convirtió en el faraón de Egipto como consecuencia de su matrimonio con Isis.

Isis, en egipcio, quiere decir asiento/trono, es decir, autoridad, y es el principio de legitimidad. Por lo tanto, esa Isis siempre se muestra usando un trono sobre su cabeza. Isis no representaba a la "mujer detrás del trono", sino al trono mismo.

El trono de Isis representa el principio de legitimidad, como un principio femenino (basado en la hembra). En Egipto, la importancia de Isis como el asiento/autoridad/legitimidad fue la base para la adopción del principio matrilineal/matriarcal en su sociedad.

El papel del principio femenino de Isis en el orden social se muestra en varios de sus 10.000 nombres, ya que se llama entre otras cosas,

> *La Generadora de Reyes.*
> *Isis, quien le entrega al rey su rango, sin el cual no puede existir ningún rey.*

A lo largo de la historia de Egipto, era la reina que transmitía la sangre solar. La reina era el verdadero soberano, propietario, poseedor de la realeza, y guardián de la pureza del linaje. El hombre que se casó con la princesa egipcia mayor reivindicó el derecho al trono. A través del matrimonio, ella transmitió la corona a su marido — él sólo actuaba como su agente ejecutivo.

Los faraones, así como los líderes de las localidades más pequeñas, adheridas a este sistema. Si el Faraón/líder no tenía hijas, la dinastía terminaba y comenzaba una nueva, con una doncella venerada como la semilla de una nueva dinastía.

Las prácticas de linaje materno también se aplicaban a toda la sociedad, como se desprende de las estelas funerarias de todo tipo de personas, donde es habitual la costumbre de trazar el linaje de los fallecidos del lado de la madre, y no del lado del padre. La madre de la persona se especifica, pero no el padre, o sólo se menciona incidentalmente. Esta tradición sigue persistiendo en secreto entre los egipcios *Baladi* — la mayoría silenciosa de Egipto.

Incluso el inglés y prácticamente todas las lenguas europeas tienen el principio matrilineal en su palabra estructurada. La palabra *familia* está etimológicamente centrada alrededor de la mujer, ya que la mujer es el corazón de la familia.

4

ISIS: LA VIRGEN MADRE DE "DIOS"

4.1 ALEGORÍA E HISTORIA DE FICCIÓN

Lo mismo que ahora es la religión cristiana ya existía en el Antiguo Egipto, mucho antes de la adopción del nuevo testamento. El egiptólogo británico, Sir E. A. Wallis Budge, escribió en su libro, *The Gods of the Egyptians* [1969]:

> *"La nueva religión (el cristianismo) que fue anunciada allí por San Marcos y sus seguidores inmediatos, en todo lo esencial se parecía mucho a lo que fué el resultado del culto a Osiris, Isis y Horus".*

Las similitudes, señaladas por Budge y todos los que han comparado la alegoría egipcia de Osiris/Isis/Horus a la historia del Evangelio, son sorprendentes. Ambas explicaciones son prácticamente la misma, por ejemplo, la concepción sobrenatural, el nacimiento divino, las luchas contra el enemigo en el desierto, y la resurrección de entre los muertos a la vida eterna. La principal diferencia entre las "dos versiones", es que el relato del Evangelio es considerado histórico y el ciclo de Osiris/Isis/Horus una alegoría.

Las alegorías se eligen intencionalmente como un medio para la comunicación de conocimiento. Las alegorías dramatizan las leyes, principios, procesos, relaciones y funciones cósmicas, y se expresan de una manera fácil de entender. Una vez que los significados internos de las alegorías han sido revelados, se convierten en maravillas de la simultánea integridad y brevedad científica y filosófica. Cuanto más se estudian, más ricas se vuelven. La "dimensión interna" de las enseñanzas incrustadas en cada historia las hace capaces de revelar varias capas de conocimiento, de acuerdo con la etapa de desarrollo del oyente. Los «secretos» se revelan a la vez que uno evoluciona. Cuanto más alto llegamos, más nos damos cuenta. Siempre está ahí.

Los egipcios no creían que sus alegorías fueran hechos históricos. Ellos creían en las historias, en el sentido de que creían en la verdad por debajo. El poder real de la historia/alegoría es transformar la vida de cada individuo.

Las historias bíblicas han mutilado completamente las alegorías del Antiguo Egipto. La religión cristiana tiró a la basura y perdió el alma de su significado cuando maltradujo el lenguaje alegórico del Antiguo Egipto en presunta historia, en lugar de verlo como una alegoría espiritual. El resultado fue una patética, fe ciega en un especie de supernaturalismo emocional y supersticioso, y efectivamente abortó el poder real de la historia/alegoría para transformar la vida de cada individuo.

4.2 MARÍA ISIS

A lo largo de los textos del Antiguo Egipto, Isis se llama María Isis.

El origen de la palabra María se encuentra en el Antiguo Egipto, donde la palabra escrita era MR (las vocales a e y se añadieron por los estudiosos modernos para ayudar a pronunciar la lengua antigua), que significa *la amada.*

La palabra María es una de las palabras más repetidas en los textos del Antiguo Egipto. Fue utilizada como un adjetivo (epíteto) antes de nombres de personas, neteru (dioses, diosas), etc.

Del mismo modo nos encontramos con que el nombre de María se da a muchas mujeres en la Biblia.

Las dos mujeres más cercanas a Jesús fueron llamadas María, su madre y María Magdalena.

4.3 DIVINA E INMACULADA CONCEPCIÓN

El concepto del nacimiento del Mesías sin tener relaciones sexuales se originó en el Antiguo Egipto. Se dice que Isis ha concebido a su hijo Horus después de la muerte de su marido Osiris.

La fuerza cósmica responsable de su impregnación era MeSSeH, la estrella de cocodrilo, según el Hechizo 148 de los Textos de los Sarcófagos.:

> *"La estrella de cocodrilo (MeSSeH) golpea... Isis despierta embarazada con la semilla de Osiris — Horus en concreto".*

La palabra en inglés para Mesías surgió también del Hebreo y Arameo Mashih, que en su forma como verbo MeSHeH., significa ungir. Esta palabra es de origen egipcio, donde MeSSeH [la letra s en egipcio es equivalente a sh en hebreo y arameo] significaba el ritual de unción de reyes del Antiguo Egipto con la grasa de los cocodrilos, como era la tradición con todos los reyes del Antiguo Egipto desde al menos 2700 AEC.

La unción era un ritual de la coronación del rey egipcio. De este modo el Cristo/Mesías significa el ungido, que es el rey.

Ese Isis fue capaz de concebir sin la impregnación masculina después de que la muerte de su marido se incrustó en el Antiguo Egipto desde sus períodos más remotos.

La Concepción Divina se encuentra en los hallazgos más antiguos recuperados de Egipto, de hace más de 5.000 años.

El pensamiento egipcio de la Divina Concepción afirma que fue una Inmaculada Concepción, es decir, perfectamente limpia y pura.

Ese ideal de la virginidad y la pureza era una piedra angular de las tradiciones del Antiguo Egipto. Esto fue representado como mujeres del Antiguo Egipto llevando un tocado de buitre.

La elección del buitre para este papel femenino en particular es porque:

1. Se supone que el buitre es particularmente ferviente en el cuidado de sus crías.
2. No existe contacto físico sexual entre buitres machos y hembras. El buitre hembra se impregna a sí misma exponiéndose para recibir las semillas masculinas cargadas por los vientos. Por lo tanto, el buitre es un símbolo del *nacimiento virginal*.

4.4 LA VIRGEN MADRE DE "DIOS"

La concepción de Isis de Horus por ningún hombre viviente es la versión más antigua documentada de la inmaculada concepción. Ella siempre fue venerada como la **Virgen Madre.**

Varios de sus atributos en los textos del Antiguo Egipto, describen a Isis como:

> *"La madre de dios.*
> *Cuyo hijo es el señor de la tierra".*

El papel de Isis en la Historia del Modelo Egipcio y la historia de la Virgen María son sorprendentemente similares, ya que ambas fueron capaces de concebir sin la impregnación de un hombre, y, como tal, Isis fue venerada como la Virgen Madre.

En el sexto siglo AEC, la estatua de Isis y su hijo, ahora en el Museo de Turín, inspiró al pintor Masaccio del siglo 15, en su presentación de la *Virgen y el Niño*. Esta imagen era abundante en los artefactos del Antiguo Egipto. Podemos encontrar fácilmente una o varias de estas estatuas en museos de todo el mundo.

4.5 MARÍA ISIS Y EL NIÑO SE REFUGIAN EN EGIPTO

En la alegoría de Egipto la historia de Isis, cuenta que cuando el Malvado — Seth — escuchó sobre el nuevo niño Horus, Seth fue a matar al recién nacido.

Al enterarse de que el tirano malvado Seth venía, se le dijo a Isis que lo llevara a un lugar apartado en las marismas del delta del río Nilo.

Lo que paso con Isis es sorprendentemente similar a la historia de la Biblia en la que Herodes, al oír sobre el nacimiento del Jesús bíblico, se dispuso a destruir todos los varones recién nacidos.

En el Nuevo Testamento el ángel del Señor le dice a José: *"Levántate, y toma al niño y a su madre, y huye a Egipto"*.

4.6 EL DIVINO SACRIFICIO

En el Antiguo Egipto, la deidad madre, Isis, tenía un hijo que, en la forma de un toro, era sacrificado anualmente con el fin de asegurar el ciclo de las estaciones y la continuidad de la Naturaleza.

De acuerdo con las prácticas actuales, los autores antiguos afirmaron que era la madre la que era elegida para producir un ternero con determinadas cualidades — él era *El Toro de su madre* — por así decirlo. Heródoto, al describirlo, dice:

> *"Apis, también llamado Épafo, es un novillo, cuya madre no puede tener otro descendiente, y que los egipcios reportan que concibe de los rayos enviados del cielo, y así produce el dios — toro Apis".*

Las connotaciones religiosas de este sacrificio son un eco de un sacrificio en el Sacramento, donde se nos recuerda la muerte de

Cristo para que la humanidad se salve. En esencia, se trata de un auténtico drama religioso en el que, como en la misa católica, un dios es adorado y sacrificado.

Uno de los rituales más importantes de las fiestas anuales egipcias desde la antigüedad es el sacrificio ritual del toro, lo que representa la renovación de las fuerzas cósmicas a través de la muerte y resurrección del dios toro.

5

LA NUMEROLOGÍA DE ISIS Y OSIRIS

5.1 LOS NÚMEROS PRIMARIOS DE ISIS Y OSIRIS (2 Y 3)

En el mundo animado del Antiguo Egipto, los números no sólo designaban cantidades sino se consideraban como las definiciones concretas de principios formativos energéticos de la naturaleza. Los egipcios llamaban a estos principios energéticos neteru (dioses, diosas).

Para los egipcios, los números no sólo eran pares e impares, sino también macho y hembra. Cada parte del universo era/es un macho o una hembra.

Los egipcios manifestaron su conocimiento del misticismo de los números en todos los aspectos de sus vidas. La evidencia de que Egipto poseía este conocimiento es muy fuerte.

Los dos números primarios en el universo son los de Isis y Osiris — los números 2 y 3, los que describió Plutarco en el triángulo 3: 4: 5, en *Moralia, vol. V*:

"La posición vertical, por lo tanto, puede ser comparada con el macho, la base a la hembra, y la hipotenusa al hijo de ambos, y representarse a Osiris como el principio, a Isis como el elemento receptor y a Horus como el resultado perfecto.

La vitalidad y las interacciones entre estos números muestran la forma en que son macho y hembra, activo y pasivo, vertical y horizontal, ...etc.

Numéricamente, uno no es un número, pero la esencia del principio subyacente de la serie, todos los otros números siendo hechos de él.

Isis es el número 2 [el cuadrado de 2 es 4] — hembra — par — base — etc.

Osiris es el número de 3 — masculino — impar — vertical — etc.

Horus es el número 5 es el resultado combinado [descendencia] de los números 2 y 3.

El dos simboliza el poder de la multiplicidad — la hembra, receptáculo mutable, mientras que el tres simboliza al macho. Esta era la música de las esferas: las armonías universales jugando entre estos dos símbolos universales primordiales, que son femeninos y masculinos, representado a Isis y Osiris, cuyo matrimonio celestial produjo el niño, Horus (número 5).

Todos los fenómenos sin excepción, son de naturaleza polar, y triples en principio. Por lo tanto, el cinco es la clave para entender el universo manifestado, que Plutarco explica en el contexto egipcio,

"...Y panta (el universo) es una palabra derivada de pénte [cinco]..."

5.2 LOS NÚMEROS GENERADORES PRIMARIOS DE FIGURAS Y FORMAS

A partir de las raíces de dos, tres y cinco, se pueden derivar todas las proporciones y relaciones armónicas. La interacción de estas proporciones y relaciones guía las formas de toda la materia, orgánica e inorgánica, y todos los procesos y secuencias de crecimiento.

El papel/función de una raíz en una planta es exactamente el mismo que el de la raíz geométrica. La raíz de una planta asimila, genera, y transforma las energías para el resto de la planta.

Del mismo modo, la raíz geométrica es una expresión arquetípica de la función y proceso de generación, asimilación y transformación, mientras que los números enteros fijos son las estructuras que emergen de construir sobre estos principios de proceso.

El diseño que se basa en rectángulos raíz se llama diseño dinámico generativo, el cual los antiguos egipcios practicaban durante al menos 4.500 años. Las tres raíces sagradas de Dos, Tres y Cinco, son todo lo que es necesario para la formación de los cinco sólidos cósmicos [tetraedro, hexaedro, octaedro, icosaedro y dodecaedro], que son la base para todas las formas volumétricas, donde todos los bordes y todos los ángulos interiores son iguales.

La secuencia de la creación numérica de Isis seguida por Osiris seguida por Horus es 2, 3, 5,…

Se trata de una serie progresiva, donde se inicia con los dos números primarios en el sistema del Antiguo Egipto, es decir, 2 y 3. Luego se añade el total de la cantidad anterior, y así sucesivamente — cualquier figura es la suma de los dos anteriores. Por lo tanto la serie sería:

2
3

5 (3+2)
8 (5+3)
13 (8+5)
21 (13+8)
34 (21+13)
55 (34+21)
89, 144, 233, 377, 610, . . .

La Serie Sumatoria se refleja en toda la naturaleza. El número de semillas en un girasol, los pétalos de cualquier flor, la disposición de los conos del pino, el crecimiento de una cáscara de nautilus, etc., todos siguen el mismo patrón de estas series.

[Ver más información sobre esta serie Sumatoria y su uso en el Antiguo Egipto durante al menos 4.500 años en *The Ancient Egyptian Metaphysical Architecture*, o su edición más vieja *Egyptian Harmony: The Visual Music*, ambos por Moustafa Gadalla.]

5.3 EL DYNAMO MUSICAL

Para los egipcios, Isis y Osiris regulan la música de las esferas. Las armonías universales se representan entre estos dos símbolos universales masculinos y femeninos primarios de Isis y Osiris, cuyo matrimonio celestial produjeron el hijo, Horus.

Musicalmente, la razón/relación de 2:3 en la cuerda vibrante y en el teclado determina la vibración del quinto perfecto, llegando a través de cinco intervalos.

En un monocordio, el sonido del Quinto natural se produce cuando la cuerda se mantiene presionada en un punto que divide la cuerda en una proporción 2:3.

El intervalo del Quinto ofrece la armonía más exacta posible entre dos tonos diferentes cualesquiera. Es el primer intervalo armónico, al que todos los demás intervalos armónicos se relacionan.

Plutarco afirma la importancia del Quinto de los egipcios, en su *Moralia vol. V*:

> *"Y pánta [el universo] es una palabra derivada de pénte [cinco], y a contar se refieren como 'contar por cinco'".*

Los antiguos egipcios contaban "de cinco en cinco", y la progresión más fuerte y más natural de una armonía a otra es el resultado de tal desarrollo.

Todas las escalas musicales se generan a través de la progresión del Quinto. La forma/relación de esta primera consonancia es el primer Quinto establecido por el matrimonio celestial de Isis y Osiris. Ellos a su vez se convirtieron en un modelo para formar, por una sucesión de relaciones similares, una progresión geométrica.

La progresión armónica a lo largo del ciclo de Quintos Perfectos es la más natural, y una sucesión de armonías que no esté en esta relación tiene el carácter de un retraso o suspensión de esta progresión natural. De un solo quinto dado, fluye todo el sistema musical, que naturalmente debe estar en la misma proporción que el primero. No hubo ninguna manipulación o sustitución de esta proporción.

[Hay información más detallada en *The Enduring Ancient Egyptian Musical System* o su edición anterior *Egyptian Rhythm*, ambos por Moustafa Gadalla.]

5.4 EL RITMO UNIVERSAL BINARIO Y TERNARIO

Los números 2 y 3 están relacionados con el ritmo de la respiración natural. Cuando una persona está en un sueño tranquilo, el tiempo entre la exhalación y la inhalación es dos veces más que la que existe entre la inhalación y la exhalación. Es la idea detrás de todas las formas musicales. El adentro — y — hacia fuera, la alternancia de tensión y relajación, gobierna todas las manifestaciones adicionales.

Además, prácticamente toda organización rítmica se basa en uno de dos esquemas generales: la alternancia binaria — fuerte con un tiempo débil, o ternaria — fuerte seguida de dos tiempos débiles. Uno o el otro de estos tipos subyace en el marco rítmico de cada composición. El ritmo binario o ternario subyacente se conoce como el ritmo fundamental.

Las subdivisiones de estos ritmos que aparecen dentro del marco general se llaman el ritmo subsidiario. [Vea más detalles en *The Enduring Ancient Egyptian Musical System* o su edición anterior *Egyptian Rhythm*, ambos por Moustafa Gadalla.]

6

LA MULTITUD DE ATRIBUTOS DE ISIS

ISIS DE LOS 10.000 NOMBRES/ATRIBUTOS

El principio femenino divino de Isis se manifiesta en numerosos atributos relacionados con lo femenino, y por eso los antiguos egipcios la llamaban Isis de los 10.000 nombres (significando atributos). Esto fue confirmado por Plutarco, donde escribe en su *Moralia vol. V*,

> *"..debido a que es conducida por la razón a recibir totdo tipo de formas y figuras".*

Ya que Isis representa el principio femenino universal, ella se manifiesta en numerosas formas. Por lo tanto se le describe en los textos egipcios antiguos como:

> *"Isis de los 10.000 nombres [es decir atributos]"*

> *"Ella de muchos nombres."*

Aquí presentamos varias diversas manifestaciones del principio femenino en sus diversos atributos, tales como:

1- Maat
2- Seshat
3- Net [Neith]
4- Nut—Firmamento
5- Neftis

6- Satet

7- Ta-urt

8- Mut

9- Sekhmet—La Madre del Cubil

10- Bast—El Gato Dócil

11- Qadesh

12- Heqet

13- Serket

14- Anat

15- Hathor—Venus—Merit—Astarté

> **Es importante señalar que la edición digital de este libro, que se publica tanto en formato PDF como para libro electrónico (e-book), contiene una cantidad importante de fotografías que complementan los materiales de texto en todo el libro.**

6.1 MAAT

Maat es una de las manifestaciones del principio femenino en el universo. Isis en su atributo como Maat representa el modelo de la armonía cósmica, orden, estabilidad y equilibrio.

Ma-at generalmente se describe como una mujer que lleva un tocado con una pluma de avestruz adjunta.

El concepto de Ma-at ha calado en todos los escritos egipcios, desde los primeros tiempos y en toda la historia de Egipto. Es el concepto por el cual no sólo la humanidad, sino también todos los poderes en el universo se rigen. Ma-at significa armonía, balance y equilibrio entre todas las fuerzas cósmicas del universo.

Ma-at no se traduce o define fácilmente por una palabra. Básicamente, podríamos decir que significa aquello que, por derecho propio, debe ser; lo que está de acuerdo con el orden y la armonía del cosmos y de neteru (dioses, diosas) y los hombres, que son parte de ella.

En términos humanos, Ma-at representa las acciones correctas. Ma-at puede ser favorablemente comparada con el concepto oriental de *karma* y el concepto occidental del sentido común.

Ma-at representa el concepto abstracto de la orden, la justicia, la verdad, la justicia, y lo que es correcto, en todas sus formas más puras.

Ma-at es el ideal de equilibrio: de las cosas funcionando como deben. Sin Maat, reina el caos sin control, y la capacidad de crear orden se pierde para siempre. Es decir, Ma-at es el orden en su nivel más abstracto, lo que hace que todo exista y que siga existiendo.

La aplicación del principio de Ma-at se extiende a todos los aspectos de la vida egipcia. Como el modelo de la armonía cósmica, orden, estabilidad y equilibrio; Ma-at se asocia con muchas funciones. Vamos a mencionar brevemente algunas de ellas:

A. El papel cósmico de Maat en

    i- La planificación previa a la creación
    ii- La naturaleza dual de la creación
    iii- El plan ordenado de la creación

B. Maat y el Viaje Terrenal

    i- Actividades Diarias y Rituales del Templo
    ii- Las Leyes Armónicas de la Música
    iii- Orden Social
    iv- El Camino Espiritual
    v- Justicia para Todos — En la Tierra y Después de la Tierra

6.1.A. El Papel Cósmico de Maat

Ma-at es la netert (diosa) que representa el principio del orden cósmico. El concepto por el cual no sólo los hombres, sino también los neteru (dioses) se rigen a sí mismos y sin el cual el neteru (dioses) no funciona.

Vamos a mencionar brevemente algunas de estas aplicaciones:

El papel de Maat en:

    i- La planificación previa a la creación
    ii- la naturaleza dual de la creación
    iii- el proceso ordenado de la creación

i- Maat en la planificación previa a la creación

Para las personas profundamente religiosas de Egipto, la creación del universo no era un evento físico (Big Bang) que acababa de pasar. La explosión (Big Bang) que llevó a la creación del universo fue un evento ordenado y pre — programado — a diferencia de las demás explosiones que exhiben una forma aleatoria y desordenada.

Así, leemos en el *Libro de Conocimiento de las Creaciones de Ra y de la Destrucción de Apep (Apofis)*, conocido como el *Papiro de Bremner-Rhind*:

"Aún no podía encontrar un lugar en el que permanecer. Yo

concebí el plan divino de la ley u orden (Maat) y vinieron a la existencia multitud de formas. Estando solo...".

Todos los textos egipcios hacen hincapié, una y otra vez, en que el concepto y los detalles de la creación fueron pre-planificados de acuerdo a una forma ordenada antes de que ocurriera la creación real.

ii- La naturaleza dual de la creación —Maati

El mundo, tal como la conocemos, se mantiene unido por una ley que se basa en la naturaleza dual equilibrada de todas las cosas (conjuntos, unidades). Cada par representa un aspecto diferente de el mismo principio fundamental de la polaridad. Y cada aspecto forma parte de la naturaleza de la unidad y de la naturaleza de la dualidad.

Los egipcios perciben el universo en términos de un dualismo entre Ma-at — Verdad y Orden, y el Desorden. La creación del cosmos fue convocada a partir del caos indiferenciado, distinguiendo los dos, dando voz al último ideal de la verdad. Ma-at, como se muestra aquí [en la parte superior derecha], generalmente se describe en la doble forma — Maati.

iii- El proceso ordenado de la creación

El papiro egipcio antiguo, conocido como el Papiro de Bremner-Rhind, nos dice que antes de que la creación se llevara a cabo, el amo del universo, concibió el plan divino de la Ley u Orden para hacer todas las formas.

> *"Yo concebí con mi propio corazón y allí vienieron a la existencia multitud de formas de criaturas vivas, a saber, las formas de los hijos y las formas de sus hijos".*

En los términos más simples, el texto egipcio nos dice que el mundo creado es básicamente una jerarquía de energías. Esta jerarquía está interrelacionada, y cada nivel es sostenido por el nivel por debajo de él.

Esta jerarquía de energías se ajusta perfectamente en una gran matriz, profundamente interconectada, de las leyes naturales — representada en forma de *"hijos y las formas de sus hijos"*.

6.1.B. Maat y el Viaje Terrenal

> i- Actividades Diarias y Rituales del Templo
> ii- Las Leyes Armónicas de la Música
> iii- Orden Social
> iv- El Camino Espiritual
> v- Justicia para Todos — En la Tierra y Después de la Tierra

<u>i- Actividades Diarias y Rituales del Templo</u>

Siendo el modelo de la armonía cósmica, orden, estabilidad y equilibrio, Ma-at se asocia con muchas funciones, incluyendo todas las actividades de la vida egipcia, como la construcción de templos que se dedicaron al mantenimiento de Ma-at.

Los rituales del templo se basaron y coordinaron con los movimientos de los cielos, que a su vez son manifestaciones de la ley cósmica divina.

<u>ii- Ma-at gobierna las leyes armónicas de la música</u>

Siendo el modelo de la armonía cósmica, orden, estabilidad y equilibrio, Ma-at se asocia con muchas funciones, tales como las leyes armónicas de la música.

La música es cuestión de equilibrio. El mantenimiento de Ma-at es el mantenimiento de la armonía, la estabilidad y el equilibrio en todo, incluyendo la música. Las representaciones de Ma-at se encuentran como "decoración" en muchos instrumentos egipcios.

Los expertos en la música fueron llamados músicos/sacerdotes de Ma-at y los que enseñaban a tocar fueron llamados Mizan, significando equilibrio/escala.

La armonía se caracteriza por una inconfundible sensación de equilibrio. El equilibrio es un estado en el que las fuerzas positivas y negativas están equilibradas. Ma-at se representa generalmente junto a una escala equilibrada.

El mundo, tal como la conocemos, se mantiene unido por una ley que se basa en la naturaleza dual equilibrada de todas las cosas (conjuntos, unidades). El equilibrio se produce entre los opuestos complementarios. Ma-at generalmente se representa junto a la típica escala del Antiguo Egipto con dos pesos desiguales — y que por lo tanto requiere equilibrarse con un plomo. El plomo determina la vertical y regula el equilibrio de la balanza. Escenas de pesaje muestran que todavía es necesario la línea de plomo, porque de lo contrario continuaría oscilando.

El término del Egipto antiguo para la oscilación, intoxicación y el plomo es *tkh*.

El plomo, *tkh*, es muy a menudo modelado en forma de corazón, *ib, el bailarín*. El latido del corazón nos proporciona una medida de tiempo conveniente.

iii- Maat como el orden social

Ma-at está relacionado con la relación ordenada y armonía de la sociedad.

Con el fin de lograr la armonía universal perfecta, la estructura social debe reflejar la misma jerarquía ordenada del universo creado.

La supervivencia y el éxito de los humanos requiere que se mantenga la misma estructura ordenada. Como es arriba es abajo es la única manera de lograr el orden y la armonía.

El sistema matriarcal, como la manifestación social de las leyes planetarias, fue la base de la organización social en el Antiguo Egipto, como se ha explicado anteriormente en el capítulo 3 de este libro.

iv- Maat como el Camino Espiritual

Siendo el modelo de la armonía cósmica, orden, estabilidad y equilibrio, Ma-at representa el camino espiritual que debe seguir cada individuo.

Ma-at se mantiene en el mundo por las acciones correctas y la piedad personal de sus adherentes. El objetivo último del hombre/mujer terrenal es el desarrollo de su conciencia a la máxima perfección; esto significa que él/ella se sintoniza en armonía con la naturaleza.

Ma-at representa el camino espiritual que debe seguir cada individuo. El modelo egipcio reconoce la singularidad de cada individuo, y como tal reconoce que las rutas de acceso a lo divino son tan numerosas como el número de buscadores. Las caminos a lo divino son como arroyos — todos vienen de una fuente.

Los antiguos egipcios ponían en práctica sus creencias de individualidad en todos sus textos. Nunca hubo dos textos idénticos transformacionales (funerarios) o médicos (los llamados "mágicos") para dos individuos cualquiera. Uno debe vivir su propia vida, y cada uno de nosotros debe seguir su propio camino, guiado por Ma-at.

La religión del Antiguo Egipto no es un asunto de credo y dogma, sino más bien es un privilegio personal. Cada uno de nosotros es un individuo. Uno debe vivir su propia vida, y cada uno de nosotros debe seguir su propio camino, guiado por Ma-at.

Ma-at, El Camino, abarca las virtudes, los objetivos y funciones que definen la interacción social y el comportamiento personal, tanto aceptable como ideal. Ma-at se mantiene en el mundo por las acciones correctas y la piedad personal de sus adherentes.

La sabiduría del Antiguo Egipto siempre ha puesto un gran énfasis en el cultivo del comportamiento ético y el servicio a la sociedad. El tema constante dentro de la sabiduría de la literatura egipcia fue la "actuación" de la Verdad — *Maa — Kheru* — en la tierra. El comportamiento esperado y las ideas de responsabilidad y retribución se expresaron en varias composiciones literarias que por lo general se les llamaba textos de sabiduría.

Había textos adicionales de sabiduría práctica de instrucción sistemática, compuestos de máximas y preceptos.

[Para más información sobre el camino espiritual, lea *Egyptian Mystics: Seekers of the Way* por Moustafa Gadalla].

Siendo el modelo de armonía cósmica, orden, estabilidad y equilibrio, Ma-at se asocia con muchas funciones, tales como la administración de justicia, tanto en la tierra como después de la tierra.

Ma-at es la señora egipcia de la justicia. Nuestro símbolo moderno de justicia es una mujer con los ojos vendados, que lleva una balanza. Tal simbología se deriva de Ma-at, el símbolo de la justicia del Antiguo Egipto, que es una dama con los ojos vendados. Ma — a se representa en su papel como señora de la justicia, *"con los ojos cerrados"* para garantizar la igualdad de justicia para todos.

Ma-at a menudo se muestra con un aspecto doble, representando los lados opuestos de un litigio, porque la balanza de la justicia no puede equilibrarse sin la igualdad de fuerzas opuestas. El día del juicio se lleva a cabo en lo que los egipcios llamaban el *Salón de Dos Maati.*

La señora de la justicia egipcia se retrata como una mujer, con su símbolo, la pluma de avestruz montada en su cabeza y sosteniendo el emblema de la verdad, para enfatizar el concepto principal de la justicia — la búsqueda de la verdad. El símbolo de Maat es la pluma de la verdad/avestruz utilizada en la balanza de la justicia.

Como atestiguado por Diodoro, todos los jueces de alto rango en el Antiguo Egipto fueron descritos como sacerdotes de Ma-at, y el presidente del Tribunal Supremo llevaban una pequeña figura de Ma-at alrededor de su cuello, como insignia de su oficio.

El objetivo último del hombre/mujer terrenal es desarrollar su conciencia a la máxima perfección; esto significa que él/ella se sintoniza en armonía con la naturaleza. Esto fue simbolizado en algunas de las tumbas egipcias por el alma del difunto recitando las 42 confesiones negativas, en el día del juicio, ante los 42 miembros del jurado/neteru. La persona exitosa era declarada sensata, por el Gran Jurado como *Maa Kheru* — Verdadera de Voz.

El alma del difunto se llevaba a la Sala del Juicio de la Doble Ma-at. Ella es doble ya que la balanza se equilibra sólo cuando hay una igualdad de fuerzas opuestas. El símbolo de Ma-at es la pluma de avestruz, que representa el juicio o la verdad. Su pluma habitualmente se monta en la balanza.

El corazón, como una metáfora de la conciencia, se pesa contra la pluma de la verdad, para determinar el destino de los difuntos.

[Para obtener información más detallada sobre el tema de la vida después de la tierra, leer *Egyptian Cosmology: The Animated Universe* por Moustafa Gadalla]

6.2 SESHAT

Seshat es otra manifestación del papel de Isis como intelecto divino. Seshat representa la capacidad organizacional de mantenimiento de registros — conocimiento, información, etc.

Seshat se representa cargando el lápiz y la paleta de caña, y los registros hechos en la eternidad/espacio, es decir, la memoria.

Seshat (o Sefekht — significando siete) generalmente se representa usando la piel de pantera que denota potencia primordial — y una flor de siete pétalos en su cabeza.

Seshat se conoce como: *La Encuestadora, Señora de la Escritura, Escribana, Directora de la Casa de los Libros Divinos (Archivos), Señora de los Constructores, etc.*

Ella comúnmente se muestra en las escenas que representan la colocación de los cimientos de un nuevo templo. En este sentido se le describe como la *Señora de los Constructores.*

Seshat está estrechamente asociada con Thoth, y se considera que es su contraparte femenina.

Como guardián de registros, Seshat generalmente se representa anotando en escenas del árbol de la vida.

6.3 NET [NEITH]

Net [Neith] es otra de las manifestaciones del papel de Isis como el Intelecto divino mediante el establecimiento de patrones armónicos.

En ese papel, ella es reconocida como Net o Neith, que representa el proceso divino de establecer patrones armónicos — simbolizado por el acto de tejer.

Algunos de los 10.000 atributos de Isis le llaman:

Señora de la lanzadera.
Isis... Tejedora.

Net [Neith] se presenta como una mujer que lleva dos flechas cruzadas. Ella lleva una lanzadera para tejer sobre su cabeza. El tejido se logra mediante el cruce de los nervios y fibras. Estas dos flechas representan las dos direcciones de cruce.

Net [Neith] representa la capacidad de establecer un patrón con la creación de un tejido reticular mediante el tejido o la determinación del patrón de comportamiento de alguien o algo.

No es coincidencia que Net [Neith] es uno de los cuatro patronos de vaso canopo, protector del estómago, que es el asiento del proceso y la digestión, tanto física como metafísicamente.

6.4 NUT — FIRMAMENTO

En su papel como el firmamento, Isis se reconoce como Nut.

Nut está asociada con muchas funciones relacionadas, tales como:

A. El Firmamento del Cielo

B. Nut y Geb — La Esfera Celeste

C. Nut El Cielo Estrellado Astronómico Celestial: como se relaciona con:

- Los principios sol/solares y luna/lunares
- Ciclo del zodiaco

D. Nut el Espíritu del Cielo; como se presenta en:

- Ataúdes y tapas de ataúd
- Cámaras de tumba
- Alimentación y renacimiento del árbol de la vida

6.4.A. El Firmamento del Cielo

El firmamento como cielo se describe en el Antiguo Egipto como el cielo visto poéticamente como un arco o bóveda sólida. Los antiguos textos egipcios describen a Isis como

Reina del cielo
Reina del Firmamento.

En su papel como el firmamento, Isis se reconoce como Nut. Nut se representa en varias formas, pero a menudo como una mujer desnuda, arqueada sobre los cielos, en el acto de tragar el sol de la tarde y dar a luz al sol de la mañana. El nuevo sol se muestra a menudo en su forma de escarabajo. Nut representa el cielo como matriz de toda — la fuente cósmica de alimento.

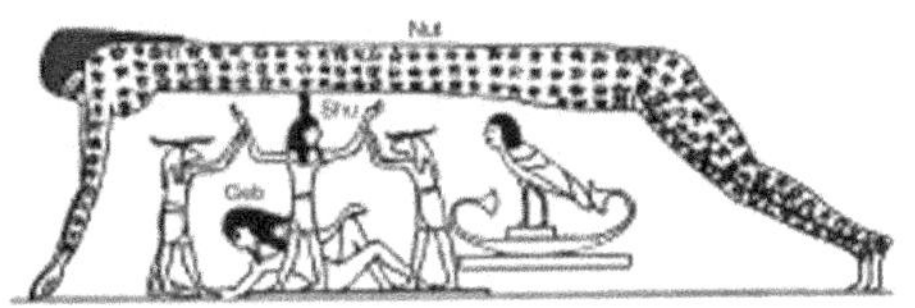

6.4.B. Nut y Geb—La Esfera Celeste

La dualidad es la manifestación natural de la creación. En este sentido, Nut como principio femenino tiene una imagen especular masculina. La contraparte masculina de Nut es Geb. Geb representa los aspectos materiales/físicos del universo.

Geb es representado como un hombre que lleva un ganso sobre su cabeza. Esta representación es la fuente de la noción de todo el mundo acerca del ganso de los huevos de oro — de donde nació el mundo.

En términos científicos, el huevo es la esfera celeste — la burbuja universal, que contiene toda la creación.

En esta esfera celeste, Geb representa el mundo fenomenal o físico y Nut representa el mundo nouménico o metafísico.

6.4.C. Nut El Cielo Estrellado Astronómico Celestial

Nut está representada como una mujer plagada de estrellas arqueada sobre los cielos.

Sorprendentemente, en el primer libro de Génesis, leemos:

"Después Dios dijo: Que haya luces en el firmamento del cielo".

Génesis I, 14 dice lo siguiente:

"Después Dios dijo: Que haya luces en el firmamento del cielo para poder así separar el día de la noche y para que sirvan para señalar los días, los años y las festividades".

Las implicaciones aquí son que los cambios observados en el cielo se correlacionan con cambios en la tierra, tales como los ciclos estacionales.

La naturaleza cíclica del universo, en la totalidad o en una parte, es un tema constante y consistente en los textos del Antiguo Egipto.

Nut se representa arqueada sobre los cielos, en el acto de tragar el sol de la tarde y dar a luz al sol de la mañana. El nuevo sol se muestra a menudo en forma de escarabajo — un nuevo comienzo — un renacimiento.

Uno de los 10.000 atributos de Isis la describen como:

> *La reina de las estrellas decanas.*

Génesis I, 16-17 dice lo siguiente:

> *"16: Dios hizo dos grandes luces: la más grande para gobernar el día y la más pequeña para gobernar la noche. También hizo las estrellas.*
> *17: Dios puso estas luces en el cielo para darle iluminación a la tierra,"*

Génesis I, 16, se refiere a la creación de la *"luz mayor"* del día y de la *"luz menor"* de la noche. La cual hace referencia evidente al sol y la luna.

En el modelo egipcio, Isis representa el sol y Osiris representa la luna. Para los egipcios el sol y la luna proporcionan más que luz durante el día y la noche. He aquí cuán importante son ellos para la creación y el mantenimiento del universo como fue predicho por Diodoro de Sicilia en su *Libro I*, [11, 5-6],

> *"Estos dos neteru (dioses) — Isis y Osiris — administran todo el cosmos, alimentando y aumentando todas las cosas..."*

Entonces Diodoro explica el razonamiento del Antiguo Egipto por el significado del Sol y de la Luna en la existencia universal, de la siguiente forma:

"Por otra parte, prácticamente toda la materia física que es esencial para la generación de todas las cosas es proporcionada por estos dos neteru (dioses), Isis y Osiris, simbolizados como el sol y la luna. El sol contribuye el elemento de fuego y el espíritu, la luna lo mojado y lo seco, y los dos juntos el aire. A través de estos elementos todas las cosas se engendran y se nutren.

Y así ocurre que fuera del sol y de la luna todo el cuerpo físico del universo se completa; y en cuanto a las cinco partes que acabamos de mencionar de estos cuerpos, el espíritu, el fuego, lo seco, así como la humedad, y, por último, el aire, al igual que en el caso de un hombre, contamos la cabeza, las manos, los pies y el resto de las partes, por lo que en la misma forma que en el cuerpo, el universo está compuesto en su totalidad de estas partes".

Se hace referencia a la creación de las estrellas al final de Génesis I, 16:

"16: Dios hizo dos grandes luces: la más grande para gobernar el día y la más pequeña para gobernar la noche. También hizo las estrellas.
17: Dios puso estas luces en el cielo para darle iluminación a la tierra".

Para los antiguos egipcios las estrellas tienen mucho más significado que simplemente *"dar luz sobre la tierra."*

La Nut egipcia siempre se asocia con las constelaciones en el cielo. Lo más notable son los signos del zodiaco que se encuentran en las tumbas y templos egipcios muchos siglos antes de la era griega.

[Más detalles sobre el tema de la astronomía y del zodiaco se detallan en la *Ancient Egyptian Culture Revealed* por Moustafa Gadalla.]

6.4.D. Nut el Espíritu del Cielo

Nut como el Espíritu del Cielo se representa de manera destacada en los lugares de descanso de los antiguos egipcios: en las cámaras de tumbas, ataúdes y tapas de los ataúdes. Y aquí en las cámaras de tumbas.

Como el espíritu de madre nutridora en el cielo, Nut brota hacia fuera del árbol de la vida para ofrecer a las almas de los muertos, el eterno alimento metafísico.

6.5 NEFTIS— LA HERMANA GEMELA DE ISIS

Neftis como el doble aspecto universal de Isis fue abordado en el capítulo 2 de este libro. Aquí vamos a dar más información acerca Neftis por sí misma.

El nombre egipcio de Neftis es **Nebt-Het** lo que significa dorada/noble/amante **(Nebt)**, *del lugar/casa* **(Het)**.

Neftis se retrata como una mujer que lleva sobre su cabeza los símbolos que se leen como su nombre.

Neftis es una de las cuatro patronas de vaso canopo, protegiendo los pulmones.

Isis protege el hígado.

Serket protege los intestinos.

Net (Neith) protege el estómago.

6.6 SATET

Satet (Satis) es uno de los atributos de Isis como "Madre Tiempo". En tal función, Satet (Satis) se asocia con Sabt (Sirius/Sothis) — la estrella de Isis que dio inicio al comienzo del Año Nuevo Sótico del Antiguo Egipto y a la temporada de inundación del Nilo.

Satis se representa como una mujer que lleva una corona blanca con cuernos de antílope.

En varios de sus atributos, Isis se describe en los textos del Antiguo Egipto como:

> **Sothis, quien abrió el Año Nuevo.**
> **La Señora del comienzo del año.**

[Para más información acerca de la astronomía en el *Ancient Egypt read Ancient Egyptian Culture Revealed* por Moustafa Gadalla.]

6.7 TA-URT

Isis en su papel como la Divina Madre Embarazada es reconocida como Ta-urt.

Ta-urt o Thoueri se conoce también con los nombres de Apt y Sheput.

Sus títulos comunes son *"amante de los neteru* (dioses, diosas)", *y "portadora de los neteru* (dioses, diosas)". Ta-urt es, pues, la patrona de los niños y la maternidad en el reino terrenal. Ella representa la partera por excelencia, tanto física como metafísicamente.

Ta-urt se encuentra al comienzo de cada ciclo, tales como el ciclo del zodiaco, como se muestra en numerosos lugares antes de la era griega.

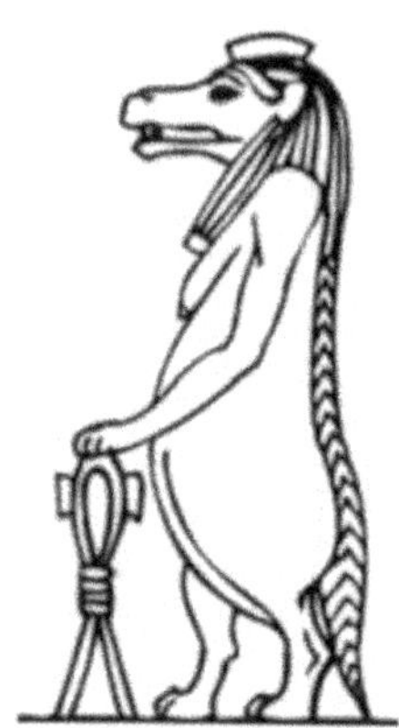

Y la misma representación exacta [segunda de la izquierda en el registro superior] en el Templo Dendera.

Ta-urt es retratada como un hipopótamo en posición vertical con senos colgantes, patas de león y cola de cocodrilo.

Ta-urt como Apt/Opt-Ta-urt también se conoce como Apet/ Opet.

En su forma de Ipet/Opet/Apet, Ta-urt juega un papel crucial en el templo más grande de Egipto, específicamente, el complejo de Templos Karnak en Ta-**Apet** (Tebas/Luxor).

El nombre del Antiguo Egipto para el templo Karnak en sí es **Apet**-sut, que significa *Enumerador de los Lugares*. El diseño y la enumeración en este templo son consistentes con los códigos numéricos de creación y crecimiento. [Los principios y aplicaciones de dicho código numérico y geométrico se pueden encontrar en el libro, *The Ancient Egyptian Metaphysical Architecture*, o su edición más vieja, *Egyptian Harmony: The Visual Music*, ambos por Moustafa Gadalla.]

Uno de los festivales más destacados en Luxor desde la antigüedad es el Festival **Apet.**

El nombre del Antiguo Egipto para un Luxor es **Ta-Apet** y uno no necesita decir más.

6.8 MUT

Los textos del Antiguo Egipto se refieren a Isis en su papel de la madre divina, como

La madre de neter (dios) — Horus.

Mut, de quien se hace referencia en este papel, representa el principio de la maternidad en su forma abstracta más pura.

El término Mut está conectado lingüísticamente con las muchas palabras de sonido similar para madre, que se encuentran en muchos idiomas.

Mut es usualmente representada como una mujer, con el cuerpo de un buitre tan artísticamente formado en su cabeza, que pasa por un tocado. A veces, Mut se muestra llena de plumas, alada, y con los brazos extendidos.

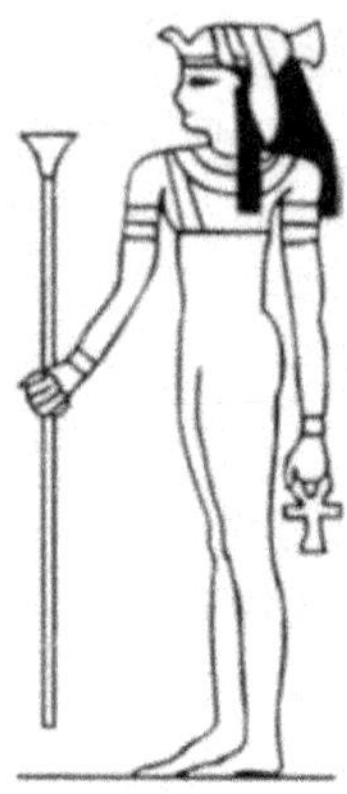

Las razones para elegir el buitre para este papel femenino en particular son:

1. Se supone que el buitre es particularmente ferviente en el cuidado de sus crías.
2. El buitre hembra queda preñada por exponerse a los espermatozoides masculinos llevadas por los vientos, y no a través del contacto directo con los varones. El buitre por lo tanto, es un símbolo de nacimiento virgen, en otras palabras, pureza. La pureza de cuerpo y alma es un requisito previo para avanzar hacia los reinos superiores.

Mut se encuentra en muchos lugares y en muchas formas como con Sekhmet, Hathor, Nut, y con Bastet, entre muchos otros.

6.9 SEKHMET — LA MADRE DEL CUBIL

Isis en su papel como "Madre del Cubil" es reconocida como Sekhmet o Sekhmut. Esto es en realidad dos palabras: Sekh y Mut — significando "Mayor" o "Madre del Cubil".

Como la Madre del Cubil, Sekhmet retratada como una leona en las representaciones egipcias. Las estatuas de Sekhmet se hacen generalmente de rocas ígneas, como el basalto o el granito, enfatizando su ardiente naturaleza pasional.

Sekhmet representa el aspecto de fuego del poder creador. En la

Letanía de Ra, Ra se describe (en una de sus 75 formas/atributos) **como la del gato, y como el Gran Gato.**

Como la Divina Madre del Cubil, Sekhmet generalmente se describe como una mujer con los pechos expuestos y la cabeza de una leona coronada por el disco solar, alrededor de la cual hay un uraeus.

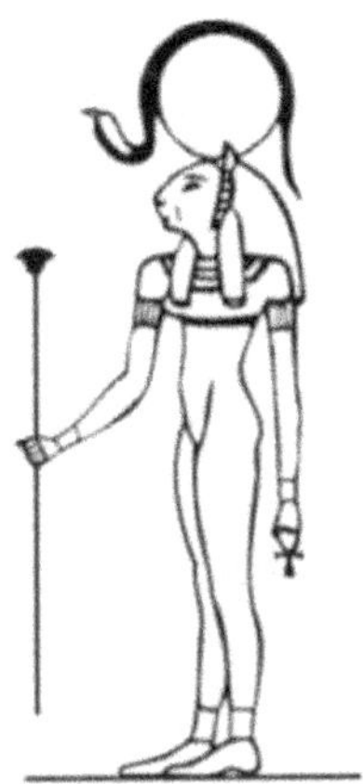

Como la divina madre del cubil, ella proyecta:

a. un impulso/pasión/deseo/voluntad de crear. Para presentar su impulso/pasión/deseo/voluntad de crear, Sekhmet se representa con un cuerpo masculino itifálico.

b. amoroso cuidado apasionado enternecedor. Las pinturas muestran su apoyo/animo a otros en gestos amorosos enternecedores. Apoyo y aliento.

c. temeraria protección apasionada de su creación. Para mostrar su temeraria protección apasionada de su creación, las estatuas de Sekhmet se encuentran en el punto de entrada a los templos, tales como Medinet Hapu en Luxor, o en la pared exterior del templo en Esna.

La leona es el animal más valiente en la tierra. En nuestras sociedades modernas, las agallas y la columna vertebral son símbolos de valentía física. Este concepto tiene raíces egipcias antiguas. En el *Papiro de Ani* [pl. 32 artículo 42], leemos,

mis agallas y mi espina son Sekhmet.

Sekhmet está casi siempre representada con Khonsu — ella representando el principio solar femenino — y él — Khonsu — representando el principio lunar masculino.

6.10 BASTET — EL GATO DÓCIL

Isis en su papel como el centro de calma es el gato dócil Bast o Bastet.

En la *Letanía de Ra*, él se describe como El uno del gato y El gran gato. Los nueve reinos del universo se manifiestan en el gato, ya que ambos, el gato y el Gran Enéada (significando, nueve veces — unidad), tienen el mismo término del Egipto antiguo "b.st". Esta relación ha encontrado su camino en la cultura occidental, donde se dice que *"el gato tiene nueve vidas"*.

Bastet representa el aspecto suave y dócil del gato en oposición a Sekhmet la leona de fuego.

Bastet se representa generalmente con cabeza de gato.

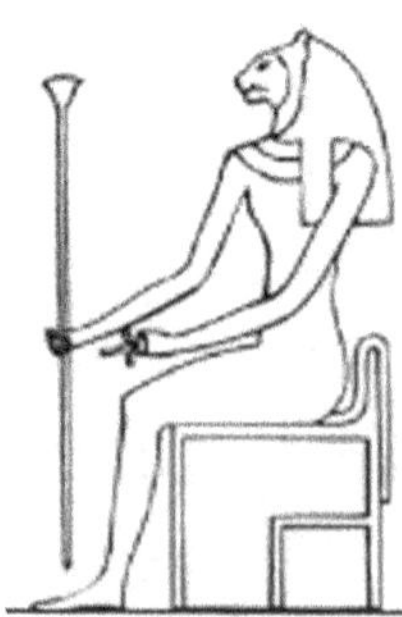

Bastet representa la armonía total en el sentido de la felicidad interna, la alegría y la paz.

Heródoto escribió sobre las festividades anuales en todo el templo de Bastet de Tell Basta (Bubastis), a las afueras de Zagazig, en el delta del Nilo.

Las festividades anuales de esta antigua ciudad atrajeron a más de 700.000 personas. Heródoto describió su alegría durante las celebraciones de Bastet.

6.11 QADESH

Aquí se estudia a Isis en su papel de símbolo para la heredera legal Qadesh.

Qadesh representa legitimidad.

Qadesh significa santo o sagrado en el Antiguo Egipto.

Qadesh es a menudo representada como una mujer joven de pie en la espalda de un león, lo que significa el principio matrilineal/matriarcal.

Qadesh se ordena y se describe en los textos del Egipto antiguo la Amada de Ptah.

Qadesh también se asocia con Hathor en su papel de Astarté — Patrona de los viajeros.

Por lo tanto, es que nos encontramos con la representación de Qadesh de Memphis de más de 4.000 años. También se encuentra en Yemen en el extremo sur del Mar Rojo — en tiempos posteriores. Esto demuestra comercio marítimo vigoroso durante los tiempos del Antiguo Egipto hace miles de años.

6.12 HEQET

Isis en su papel como símbolo de la fertilidad es reconocida como Heqet.

Heqet representa la concepción y la procreación, es decir, es la fuente de la vida, y como tal, siempre se representa cerca de escenas de concepción divina en los monumentos egipcios.

Heqet está representada como una mujer con cabeza de rana o como una rana.

Heqet se asocia con Khnum y la inundación anual. Las ranas siempre aparecían en gran número justo antes de la inundación anual del Nilo. Los amuletos de rana eran/son populares para la fertilidad debido a la naturaleza prolífica de la rana.

6.13 SERKET

Isis en su papel como protectora es reconocida como Serket. Serket (Selkis) representa el aspecto de protección entusiasta de la maternidad.

Serket (Selkis) se identifica con el escorpión, que es famoso por su protección de sus crías.

Serket (Selkis) como un aspecto de Isis representa la protección y el cuidado de los niños pequeños.

Serket (Selkis) se representa generalmente como una mujer con un escorpión en su cabeza, o, a veces como un escorpión con la cabeza de una mujer.

Serket (Selkis) es uno de los patronos de los cuatro vasos canopos, protegiendo los intestinos.

6.14 ANAT

Isis en su papel como guardián se reconoce como Anat. Un buen protector está siempre listo para disuadir cualquier amenaza exterior. Por lo tanto, Anat se representa como una mujer que sostiene un escudo y un hacha.

Anat es el guardián (no una "diosa guerrera") de la frontera oriental de Egipto en Tanis, y como tal, Anat representa la naturaleza — un aspecto de Seth. Anat también se asocia con la leona, Sekh-Met, la temeraria.

6.15 HATHOR — VENUS

Isis en su papel como la Nutridora se reconoce como Hathor.

Hathor es en realidad dos palabras, Het — hor lo que comúnmente se traduce por *"casa de Horus"*.

La primera parte — **Het** — traducida como "casa" tiene un significado más amplio que simplemente una casa. En realidad significa el *útero como una Matriz* — dentro de la cual se origina algo, toma forma y se desarrolla hacia plena madurez.

El útero proporciona el alimento y protección. Como tal Het — hor proporciona alimento y protección. Horus representa el principio divino realizado — y Horus es reconocido por varios nombres/atributos — al desarrollarse desde la infancia hasta la madurez — dentro del útero cósmico.

Hathor representa la matriz del principio espiritual metafísico, proporcionando alimento espiritual, sanación, alegría, amor, música y alegría.

Los textos del Antiguo Egipto describen a Isis de los 10.000 nombres en su papel de Het-heru como:

La vaca Heru-sekha, que pone de manifiesto todas las cosas.
¿Quién alimentó al niño Horus con su leche?
Señora de la alegría y el placer.
Señora del Amor.

Como modelo para nutrición cósmica de todo tipo, Hathor está asociada con varias funciones relacionadas. Vamos a mencionar brevemente algunas de estas aplicaciones:

A. Señora Amor — Venus
B. La Nutridora Cósmica
C. Las Siete Doncellas Celestiales/7 Regiones Celestes
D. La Sanadora
E. Su Árbol de la Vida
F. El último Santuario — Casa de Horus/Ra-Horakhty
G. La Escolta de los Viajeros — Astarté

6.15.A. Señora Amor — Venus

El diccionario nos dice que el origen del nombre — o palabra — Venus es WENOS. Wenos o Wanas es en realidad una palabra egipcia que significa compañerismo animado, cordial, sociable, alegre y placentero.

La forma nominal de we-nos es A-nesa [Aa-NES-sa], es decir, doncella, con todo lo que ello implica.

El nombre egipcio de Venus — en su nombre que lo abarca todo de Hathor representa la matriz del principio espiritual metafísico, proporcionando alimento espiritual, sanación, alegría, amor, música y alegría.

6.15.B. La Nutridora Cósmica — Madona

Como la gran proveedora de alimento espiritual, Hathor a

menudo se representa como una mujer con cabeza de vaca, o enteramente en forma humana pero con orejas de vaca. La vaca es la representación ideal para la alimentación de todo tipo y, como tal, es el símbolo ideal para Hathor.

Ella lleva una variedad de tocados, más comúnmente un par de cuernos que encierran el disco solar.

En el plano cósmico Hathor se representa en forma de vaca completa para simbolizar el concepto/atributo cósmico de alimento.

Destacaremos aquí algunas formas de vaca de Hathor:

– En primer lugar Hathor como la Vaca Celestial **Mehet-Uret** con su cuerpo salpicado de estrellas.

Mehet-Uret (Mehurt, Methyer) representa el agua primordial, es decir, el agua abismal del cielo. El agua es la fuente de vida y sustento.

A veces se muestra al rey como símbolo de Horus tomando leche de la ubre.

Los textos del Antiguo Egipto describen a Isis de los 10.000 nombres en su papel de Het-heru como

La vaca Heru-sekha, que pone de manifiesto todas las cosas.
Quien alimentó al niño Horus con su leche

La vaca celeste también se representan en siete vacas. Hathor se asocia con el número siete y se conoce como Las Siete Hathors.

– **Hesat** es una forma de Hathor, cuya función es alimentar a los jóvenes.

Hesat representa el alimento metafísico (el amor, el cuidado, el canto,… etc.) necesarios para el crecimiento y el bienestar de los niños.

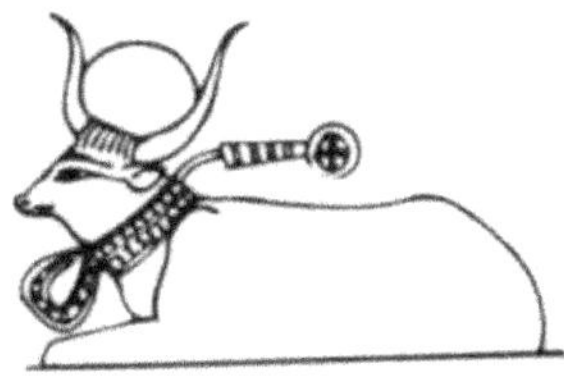

La representación de la lactancia materna representa tanto la alimentación física como la metafísica-espiritual. La representación más profunda es la de Isis en su forma de Hathor amamantando a Horus.

Los textos del Antiguo Egipto describen a Isis de los 10.000 nombres en su papel de Het-heru como:

¿Quién alimentó al niño Horus con su leche?

Esta poderosa representación sirvió como el icono de la Virgen con el Niño. La Madona egipcia y su hijo se encuentran en las obras egipcias desde hace por lo menos, la era del Antiguo Reino — hace 5.000 años — como se muestra aquí en Saqqara de esta época remota.

En muchas representaciones encontramos que la Virgen de Egipto y su hijo se muestran en siete copias — de nuevo para representar a las Siete Hathors.

Las representaciones en templos egipcios de la lactancia materna de jóvenes y adultos mayores — por Hathor, representan el alimento espiritual — ya que todos necesitamos alimento espiritual durante nuestra progresión hacia la madurez.

Hathor, como el símbolo de alimento espiritual, también juega un papel importante en los textos transformacionales (funerarios), suministrando la alimentación espiritual requerida por el alma del difunto.

6.15.C. Las Siete Doncellas Celestiales

A Hathor se le conoce como la *amante de la danza* y de la *música.*

A Hathor se le asocia con los siete tonos naturales de la escala diatónica y es/fue llamada *"Las Siete Hathors".*

[Más información sobre la música y la danza se encuentra en el libro, *The Enduring Ancient Egyptian Musical System,* o su edición más vieja, *Egyptian Rhythm: The Heavenly Melodies,* ambos por Moustafa Gadalla.]

Usted puede preguntarse ¿por qué siete?

Los egipcios creían que la matriz de energía universal se compone de:

2 reinos terrenales — y
7 reinos celestes.

Ya que Hathor representa los aspectos metafísicos del universo, ella abarca los siete reinos celestiales.

Hathor se encuentra representada usando un sistro — un cascabel musical — en su cabeza.

El texto del himno de la "Canción de las Siete Hathors", en el Templo de Dendera, se compone de siete estrofas, cada una de cuatro líneas.

La relación íntima entre la música y el cosmos se expresa claramente en una de las siete estrofas de la siguiente manera:

El cielo y sus estrellas hacen música para ti.
El sol y la luna te alaban.
Los neteru (dioses, diosas) que exaltan.
El neteru (dioses, diosas) te cantan.

El aspecto musical de Hathor es simbolizado por **Merit**. Merit es la onductora/maestra cósmica que gestiona las notas y el flujo de las representaciones musicales.

La mano de Merit es el símbolo universal de acción. Musicalmente, los dedos controlan el sonido emitido desde los instrumentos musicales. Cómo se colocan los dedos determina los tonos. Por lo tanto, los dedos son la forma más lógica para expresar, escribir, e instruir a la música.

Como consecuencia de ello, cierta nota tomó su nombre de la cuerda pulsada o amortiguada por este dedo. Como tal, los dedos a menudo se han utilizado para describir la técnica de golpear, entre las expresiones de manejo instrumental.

En Egipto (Antiguo y Baladi), este modo de "movimiento de dedos" convencional ha sido todo lo que se necesita para identificar los diferentes modos.

6.15.D. Hathor, La Sanadora

Isis en la forma de Hathor representa la panacea y, como tal, la humanidad siempre está en busca de su ayuda.

Ella protege y cuida y nutre todas las creaciones. Ella usa su poder misericordiosa y exitosamente, para todos los que buscan ayuda.

La población de Egipto veía a Isis como patrona cuya solicitud se extendía sobre toda la gama de necesidades humanas.

Diodoro de Sicilia, en el Libro Uno, describe las cualidades de cuidado femenino de Isis en su forma de Hathor:

"Los egipcios dicen que fue la inventora de muchos fármacos para la salud y que tiene gran experiencia en la CIENCIA MEDICA.

Y, por tanto, agraciada con la inmortalidad, se complace muchísimo en la curaciones de los hombres y de remedios durante los sueños a quienes se lo PIDEN, mostrando claramente su propria aparicón y su beneficio para con los hombres que lo necesitan.

Y como pruebas de eso, afirman que casi todo el mundo habitado testifica en su favor afanándose en honras de Isis por su aparición en las curaciones. Presentándose en los sueños, da a los pacientes remedios contra las enfermedades y cura sorprendentemente a quienes la obedecen; y muchos, desahuciados por los médicos por la gravedad de su enfermedad, son salvados por ella; y un gran número, totalmente privados de la vista o de alguna otra de las partes del cuerpo, cuando se amparan en esa diosa, son restituidos a su anterior condición".

Con mucho, el mayor número de santuarios a lo largo de la historia de Egipto fueron y continúan a ser dedicados a Hathor. Prácticamente no hay localidad (pequeña o grande) en Egipto que no tenga un santuario para el *Saba Banat*, que significa Siete Het-Heru. Tales santuarios son visitados semanalmente por la mayoría de las mujeres Baladi de Egipto.

Hathor está presente en prácticamente todos los templos y tumbas, tales como Luxor (Tebas), Heliópolis, Menfis, Dendera, Abu Simbel, las regiones mineras del Sinaí, y un sinnúmero de lugares entre estos grandes centros. El centro más prominente de Hathor estaba/está en Dendera.

Los templos Hathor, a menudo eran centros de curación. Hathor representaba la sanación (una función también asociada con Sekhmet). Una de las funciones más importantes de Dendera era como un centro de sanación, donde se practicaba todo tipo de terapias, más o menos como un hospital en el sentido moderno, pero con más énfasis en la curación del cuerpo y el alma utilizando todos los medios, y no limitándose a los procedimientos quirúrgicos.

6.15.E. Su Árbol de la Vida

Hathor representa las conexiones metafísicas entre nuestra existencia terrenal y nuestros ancestros del pasado. Como tal, Hathor representa el árbol genealógico.

La gente en todo el mundo se refiere al "árbol genealógico" de cada uno. En Egipto, este término está totalmente entendido como la residencia de los antepasados difuntos. Como tal, la gente suele escribir notas y las anexan a las ramas del árbol. El árbol se convierte en el medio entre los difuntos y los vivos.

Hathor, por lo tanto, representa la (familia) netert del árbol (diosa).

Sobre el significado del árbol de Hathor, Plutarco, en *Moralia Vol. V* (378, 68 G), dice:

"De las plantas que crecen en Egipto se dice que está espe-

*cialmente consagrada a la diosa la persea, porque su fruto se
parece a un corazón y su hoja a una lengua".*

La declaración de Plutarco se afirma en numerosas representaciones del Antiguo Egipto [como se muestra en este documento]
de Hathor, quien brota del árbol de la vida para proporcionar alimento espiritual.

La regla universal de causa y efecto, simbolizada por las funciones del corazón y la lengua se encuentra en la estela egipcia Shabaka (716-701 aC), de la siguiente manera:

*"El corazón y la lengua tienen poder sobre todo… los neteru
(dioses, diosas), todos los hombres, todo el ganado, todos los
seres reptantes, y todo lo que vive. El corazón piensa que todo
lo que se desea, y la lengua entrega todo lo que desee".*

6.15.F. El Último Santuario — Casa de Horus/Ra-Horakhty

Repasemos, pues, lo que representa Hathor una vez más.

Hathor se traduce habitualmente por los egiptólogos occidentales como **"casa de Horus"**.

La primera parte Het — traducida como "casa" tiene un significado más amplio que simplemente casa. En realidad significa el
útero como una Matriz — dentro de la cual se origina algo, toma
forma y se desarrolla hacia plena madurez.

Horus representa el principio divino realizado — y Horus es
reconocido por varios nombres/atributos — al desarrollarse
desde la infancia hasta la madurez — dentro del útero cósmico.

El destino final es la unificación con el creador como Re. En
este punto el alma realizada se convierte en Re-Hor-akhti. Por lo
tanto, Het-hor se llama la Señora del Occidente, la residencia de
Horus — como Re-Herachti.

El alma realizada — representada como el halcón que lleva el disco solar — será consagrada, como se muestra aquí — dentro de Hathor — como el árbol de la vida, el Santuario Mayor.

6.15.G. La Escolta de Los Viajeros — Astarté

Hathor tiene una presencia destacada más allá de la tierra de Egipto. Hagamos una pausa aquí de nuevo para ver cómo y por qué su papel es significativo más allá de la tierra de Egipto.

Hemos demostrado que el nombre y la función de Hathor representa el útero cósmico. Como tal Hathor ofrece tanto alimento como protección, como hemos visto mostrado a lo largo de esta presentación.

Más allá de la existencia terrenal, Hathor juega un papel importante en los textos transformacionales, suministrando la alimentación y orientación espiritual requerida por el alma del difunto, a medida que viaja a través del mar cósmico.

En la tierra, Hathor ofrece una escolta divina a los viajeros a través de los mares. En consecuencia, Hathor, también conocida como Asera, es la patrona egipcia de viajes y navegación, y como resultado, aparece en este papel más a menudo fuera de Egipto.

Leer más acerca de su reverencia fuera de Egipto y en festivales de toda la cuenca del Mediterráneo al final del siguiente capítulo de este libro.

LA AMADA EN TODAS LAS TIERRAS

7.1 LA DIFUSIÓN DE LA RELIGIÓN EGIPCIA

En este capítulo, vamos a mostrar la propagación de la ideología de Isis en la cuenca del Mediterráneo y más allá — en todo el mundo.

Isis, en uno de sus 10.000 nombres, se llama:

"La amada en todas las tierras".

Isis de los 10.000 nombres, así como otras deidades egipcias, fueron adoptadas a lo largo de la Cuenca del Mediterráneo y más allá. Por ejemplo, los bajorrelieves, monedas y otras antigüedades que se han encontrado en Tesalia, Epiro, Megara, Corinto, Argos, Malta, y muchos otros lugares, retratan a deidades egipcias. Debido a sus muchos nombres y formas, los griegos la equipara con una serie de diosas de su panteón: Perséfone, Ceres, y Atenas entre ellas. Heródoto, en las *Historias,* Libro 2 [2-8], escribió:

"Los nombres de casi todos los dioses llegaron a Grecia de Egipto".

Esto tiene sentido una vez que reconocemos dos puntos:

a. desde los primeros días de filología comparada, se observó que los sonidos de las lenguas relacionadas correspondían de manera aparentemente sistemática. Como ejemplo del fenómeno de cambio de sonido, el nombre de una persona todavía puede reconocerse con sonidos muy diferentes, tales como Santiago/San Diego/San Jacob y Santiago. Jacobo/Jacob/Yago/Jaime/Thiago/Santiago/Diego, son uno y el mismo nombre, que ejemplifica el fenómeno de cambio de sonido, en una carta que no puede ser pronunciada por un grupo de personas es sustituido por otro sonido que es fácil de pronunciar para ese grupo de personas .

b. Debe tenerse en cuenta que lo que comúnmente consideramos *nombres* de deidades son en realidad los "atributos" de tales deidades. Los *nombres reales* de los dioses se mantuvieron en secreto. El nombre real tenía/tiene poderes y propiedades mágicas. Conocer y pronunciar el nombre real de una deidad es ejercer poder sobre ella. Para proteger el poder cósmico de la deidad, los antiguos egipcios (y otros más tarde en toda la Cuenca del Mediterráneo y más allá) frecuentemente usaban "nombres" con connotaciones religiosas. Baal simplemente significa Señor o gobernante, y así se habla de Baal o la Baalat (Señora) de tal y tal ciudad. Del mismo modo, una deidad será llamada Melek, que significa Rey. Así también Adon, que significa Señor o Maestro. Melqart significaba rey de la ciudad.

Para afirmar los informes de Heródoto de la adopción griega de deidades egipcias, la evidencia arqueológica en el siglo 4 (antes de nuestra era común) muestra que Atenas era básicamente un centro de la religión egipcia, y los santuarios de Isis, tanto públicos como privados, se erigieron en muchas partes de Grecia en ese período.

En la Magna Grecia, los monumentos encontrados en Catania en Sicilia muestran que esta ciudad era un centro de la adoración de deidades egipcias. El sur de Italia contenía muchos templos de Isis, y los restos de estatuas, etc., que se encuentran en Reggio,

Puteoli, Pompeya, Herculano demuestran que el culto a las deidades egipcias debe haber sido común.

Las prácticas religiosas del Antiguo Egipto se reflejan en Grecia, por ejemplo, según lo confirmado por el padre griego de la historia, Heródoto en *las Historias*, Libro 2, [107]:

> ***"Fueron los egipcios también quienes originaron, y enseñaron a los griegos a utilizar las reuniones ceremoniales, procesiones y ofrendas procesionales:****un hecho evidente que se puede inferir de la antigüedad de este tipo de ceremonias en Egipto, en comparación con Grecia, donde han sido sólo recientemente introducidas. Los egipcios se reúnen en asamblea solemne, no solamente una vez al año, sino en varias ocasiones"*.

Afirmando la declaración de Heródoto, Plutarco dice en *Moralia, Isis y Osiris*, [378-9, 69],

> *"También entre los griegos existen muchas ceremonias, aproximadamente por el mismo tiempo"*.

En Roma, en el 1er siglo AEC, Isis fue considerada como la diosa principal de la ciudad. Los grandes edificios y templos se establecieron en su honor, lleno de objetos egipcios, obeliscos, estatuas, altares, etc., que fueron traídos de Egipto con el fin de hacer que los santuarios de Isis se asemejen a los de su país de origen. Las sacerdotisas, que profesaban estar bien familiarizadas con los "misterios" de Isis, vivían en o cerca de estos templos, y ayudaron en la realización de los servicios y ceremonias en las que participaron grandes congregaciones.

En la cosmología del Antiguo Egipto, Isis representa el poder responsable de la creación de todos los seres vivos. En consecuencia, los antiguos egipcios la llamaban *Isis con los 10.000 nombres/atributos*. Los "muchos nombres" de Isis se adoptaron a lo largo de Grecia y en Italia, y más allá. Así, los griegos y romanos la identificaron con frecuencia como Selene, Deméter, Ceres, y varios otros nombres. También se consideró como la Madre Tierra, y como tal fue la madre de la fertilidad, la siembra, los cultivos, la cosecha y la abundancia. Algunos de sus atributos hicieron que fuera identificada como Afrodita, Juno, Nemesis, Fortuna, y Panthea.

Las prácticas religiosas del Antiguo Egipto asociadas a Isis y Osiris habían logrado importantes avances en Italia. En Campania, una inscripción, fechada en 105 (antes de nuestra era común), se encontró en un templo de Serapis (Sar-Apis), en Puteoli, Egipto, lo cual es evidencia de que las templos existían antes de esa fecha. Alrededor del 80 (antes de nuestra era común) (en la época de Sila), un colegio de sacerdotes de Isis, o Pastophori, fue fundada en Romay se construyó un templo en la ciudad. En el 44 (antes de nuestra era común), se construyó un templo en Roma en honor a Isis y Osiris, y unas décadas más tarde, el festival de estas deidades egipcias se reconoció en el calendario público.

La fiesta principal en Italia correspondía exactamente al festival del Antiguo Egipto que conmemora el asesinato de Osiris y el hallazgo de su cuerpo por Isis. Al igual que en el Antiguo Egipto, se abrió en noviembre con cantos fúnebres y lamentos desgarradores por la muerte de Osiris, que estaban, sin duda, basadas en las composiciones que se cantaban en Egipto casi al mismo tiempo. Luego, en el segundo día, se representaron escenas del dolor y la ansiedad frenética de los que se dedicaban a buscar el cuerpo de Osiris. En el tercer dia Isis encontró el cuerpo de su marido, y hubo gran alegría en el templo. El dolor dio lugar a la alegría y las lágrimas a la risa, músicos de todo tipo se juntaron y tocaron sus instrumentos, y los hombres y las mujeres bailaron, y todo el mundo celebró.

Las prácticas religiosas del Antiguo Egipto, que se relacionan con la historia modelo de Isis y Osiris, se extendieron por todo el sur de Europa, y en muchas partes del norte de África, y continuaron a ser un poder religioso en estas regiones hasta el final del siglo cuarto (de nuestra era común). Estas ideas y creencias del Antiguo Egipto sobrevivieron en el cristianismo, en el que la Virgen María asumió los atributos de Isis la Madre Eterna, y el niño Jesús asumió las de Horus.

[Más sobre los testimonios de escritores de antigüedades con respecto a la propagación de las colonias del Antiguo Egipto e influencia en todo el mundo, en *Ancient Egyptian Culture Revealed* y/o *Egyptian Romany: The Essence of Hispania* ambos por Moustafa Gadalla.]

7.2 EL SIGNIFICADO CÓSMICO DE LOS FESTIVALES EGIPCIOS

Como se ha indicado anteriormente en este capítulo todas las fiestas religiosas significativas en la cuenca mediterránea eran copias de las ceremonias del Antiguo Egipto, y en la mayoría de los casos sólo el sacerdocio egipcio realizaba los rituales requeridos.

Durante las numerosas fiestas religiosas del Antiguo Egipto, los participantes recurren a la verdad arquetípica de su conciencia cósmica: como es arriba es abajo, y como es abajo es arriba. Cada festividad sagrada actualiza el sagrado ciclo arquetípico.

Estos ciclos sagrados se han convertido en parte del calendario. Más exactamente, el calendario sirve para indicar cuando se manifiestan los poderes cosmológicos (neteru/dioses), y sus ciclos de renovación. Todos los escritores griegos y romanos tempranos afirmaron esta tradición del Antiguo Egipto, como Plutarco, en su *Moralia Vol. V* (377, 65):

"...Ellos [los egipcios] ponen en relaciòn ya con los cambios estacionales de la atmósfera y con el nacimiento de los frutos, la siembra y la arada".

Nos encontraremos con que los mismos principios egipcios fueron seguidos en otros países, como se muestra a continuación.

7.3 REINA DE LOS PANTANOS

Una de las fiestas más celebradas en el Antiguo Egipto fue el final del período de 50 días, en el que Isis se escondió con su hijo recién nacido en los pantanos. Ella y su hijo se ocultaron con el fin de proteger a su hijo de ser matado por el malvado gobernante tirano es decir, Seth. Como tal, ella es la Reina de las Marismas. Dicho festival se describe en amplios detalles en Heródoto 2, 59-60.

Esta hermosa fiesta egipcia antigua en el delta del Nilo tiene un festival prácticamente duplicado en el delta del Guadalquivir en España, que está organizado por los descendientes de los egipcios, reconocidos como "el Rocío".

El festival que es descrito por algunos como "el más pagano", es sin duda la peregrinación a la orilla del gran pantano del delta del Guadalquivir para el festival Pentecostés que celebra a Isis en sus nombres como:

La Paloma Blanca, Reina de las Marismas, la Virgen del Rocío, etc.

Del mismo modo, en el Egipto actual, el Festival de los Apóstoles (Profetas) se lleva a cabo 50 días después del sábado de Pascua. El origen de esta fiesta es del Egipto antiguo. Pentecostés significa el período de la Khamaseen (es decir, el Cincuenta), cuando las tormentas de arena y los vientos cálidos y rojizos del sur son de ocurrencia frecuente. Este evento anual comienza el día inmediatamente después del Viernes Santo, es decir, el Sábado de Pascua (luz), y concluye a partir del Domingo de Pentecostés — un intervalo de 50 días.

Este evento pentecostal está relacionado con la alegoría del Antiguo Egipto de Isis y Osiris, que después de que Osiris fuera asesinado, Seth se convirtió en el gobernante de Egipto y se fue a buscar al hijo bebé Horus con el fin de matarlo. El malvado Seth gobernó opresivamente hasta que fue destronado 50 "días", después. Seth representa el color rojo y el clima opresivo es decir seco, ardiente, y árido. En otras palabras, Seth representa la nube roja, caliente de polvo — Khamaseen. El festival conmemora el final del clima opresivo. El cielo ya no está rojo y lleno de polvo. El cielo está claro — blanco. Durante los 50 días de opresión, Isis se escondió con su hijo bebé en los pantanos. Como tal, ella es la *Reina de las Marismas.*

7.4 SEÑORA DE LOS LAMENTOS — [LLÓRAME UN RÍO]

Los egipcios asocian el comienzo de la temporada anual de inundaciones con Isis, quien comenzó a llorar después de que su compañero del alma, es decir, Osiris, subió al cielo 40 días después de su muerte. Los egipcios asocian la primera lágrima de Isis con el inicio de la subida del Nilo. Isis siguió llorando, deseando que el Osiris sin vida se levantara de nuevo. La viuda que llora se convirtió para los egipcios en la **Señora de los Lamentos.**

Esta fiesta religiosa se asocia/asociaba con un ciclo de renovación — el ciclo del agua, donde simbólicamente Isis regenera/recrea a Osiris (quien representa el elemento del agua) cuando "él" se evapora y "sube al cielo" — por así decirlo.

Cuando no hay agua, Isis "madre tierra" lo anhela.

Los antiguos textos egipcios se refiere a Isis como:

> *"La reina de la tierra.*
> *La Señora de la tierra sólida"*

El principio femenino de la fertilidad se encuentra en equiparar a la tierra con Isis. Pero sin agua, no se puede producir el crecimiento. Como hemos visto, Isis, el principio femenino de la inteligencia, ha creado el alma para animar la concepción de la creación y traerla a la vida.

En otra manifestación de ese pensamiento, nos encontramos con que Isis siendo la madre tierra, generará agua para fertilizar las semillas en su útero, aquí la madre tierra. Del mismo modo en que el aspecto intelectual de Isis genera el alma, nos encontramos que el papel de Isis como generadora y dadora de vida de Osiris se muestra en varios de sus 10.000 nombres, pues leemos que Isis es:

> *La creadora de la inundación del Nilo.*
> *Cuyo marido es el señor de las profundidades.*
> *Cuyo marido es la inundación del Nilo.*
> *La que hace que el Nilo crezca y se desborde.*
> *La que hace que el Nilo crezca en su temporada.*

Cuando no hay agua, la madre tierra lo anhela. El principio femenino de Isis, por lo tanto, genera el agua y cuando el agua desaparece, Isis la regenera.

La víspera del 11 del mes del Antiguo Egipto de Ba-oo-neh (18 de junio) se llama "Leylet en-Nuqtah" (o la noche de la Lágrima), ya que conmemora la primera gota que cae en el Nilo, para comenzar la temporada anual de inundaciones. Los astrólogos calculan el momento preciso en que la "gota" cae, lo cual siempre es en el transcurso de la noche del 18 de junio. Esta celebración del Antiguo Egipto se reconoce en el norte del Cairo como Mouled el-Embabi.

Los campesinos egipcios a lo largo del Valle del Nilo en particular acogieron este festival antiguo. Diodoro de Sicilia nos dice cómo los labradores se entregaron a recreaciones de todo tipo, y mostraron su agradecimiento a Dios por los beneficios de la inundación. De acuerdo con Heliodoro, este era uno de los principales festivales de los egipcios. Libanio afirma que estos ritos se consideraron de tanta importancia por los egipcios a lo largo de la tierra, que a menos que se llevaran a cabo en la estación apropiada, y de una manera adecuada, por las personas designadas para esta tarea, creían que el Nilo se negaría a subir para inundar la tierra.

El Nilo comienza a elevarse cerca, o poco después, del período de solsticio de verano. Dos semanas después de la primera lágrima, es decir, desde, o cerca, del 27 del mes de Ba-oo-neh (3ro de julio) los aumentos graduales en el nivel del agua del Nilo se proclamaron a diario en las calles de la ciudad, como se indicó por Plutarco, y continuaron por egipcios Baladi hasta que la presa de Asuán fue construida en la década de 1960.

Una de las partes más atractivas del modelo de la historia egipcia de Isis y Osiris es cómo estos dos símbolos se relacionan a la temporada de inundaciones en Egipto. Los egipcios asociaron el comienzo de la inundación a Isis después de que su marido/compañero del alma, es decir, Osiris, subió al cielo, 40 días después de su muerte, y comenzó a llorar, pidiendo que su marido muerto se levantara de nuevo. Los egipcios asocian la primera lágrima de Isis con el inicio de la subida del Nilo. Isis siguió llorando, deseando que su marido se levantara.

La belleza aquí es que Isis está deseando que su marido se levante de entre los muertos, y que el agua del Nilo por consiguiente, suba también. Debe tenerse en cuenta que el agua del Nilo está simbolizado por el propio Osiris.

Plutarco describe esta relación, en su *Moralia vol. V* (366, 38A), como sigue:

> *"..E igual que al Nilo flujo de Osiris, así llaman y consideran a la tierra cuerpo de Isis, no a toda, sino la que el Nilo cubre, fecundándola y uniéndose a ella, y de esta unión engendran a Horus...".*

En otras palabras, Isis recrea/regenera a Osiris de sus lágrimas cada año. Sus lágrimas son de color rojo sangre, que es el mismo color de las aguas de inundación, ya que esta agua se produce como resultado de la temporada de lluvias en Etiopía, que erosiona el cieno de las tierras altas de Etiopía, y la lleva hacia Egipto a lo largo del Nilo Azul y otros afluentes. Asi que, las lágrimas de Isis representan este color rojizo del agua durante la temporada de inundaciones. En esencia, **Isis llora un río** — por así decirlo. Los cristianos siguen las mismas tradiciones del Egipto antiguo en sus presentaciones de las estatuas de María con lágrimas sangrientas saliendo de sus ojos.

7.5 ISIS: SEÑORA DE LA ASUNCIÓN

Isis la madre tierra — se inunda por la subida de las aguas del río Nilo.

Isis se sumerge debajo de sus propias lágrimas. Como resultado, la tierra/campo desaparece bajo el agua, es decir, al ser la tierra Isis, desaparece — ella se eleva a los cielos.

El día 15 de agosto es un día de fiesta nacional en muchos países, en conmemoración de la Ascensión de la Virgen María a los cielos. En el mismo día, el 15 de agosto, los egipcios conmemoran, desde la antigüedad, un festival muy similar para Isis — la Madre Virgen del Antiguo Egipto llamada *Novia del Nilo.*

En el contexto del Antiguo Egipto, la novia del Nilo es Isis — la Virgen Madre y el río Nilo es su alma gemela — Osiris. El 15 de agosto, el festival del Antiguo Egipto conmemora el final del período de lluvias de 50 días en Etiopía, lo que provoca la inundación anual del Nilo.

En esta alegoría egipcia popular, Isis termina llorando sobre su alma gemela, Osiris, aproximadamente para la mitad de agosto, lo que significa que Isis ha llorado todas las lágrimas que tenía. Es en este punto en el tiempo que los egipcios (tanto antiguos como modernos) realizan un festival, que significa la última lágrima de

Isis, que causará el nivel más alto de inundación. Es durante esta celebración que los egipcios lanzan una efigie de Isis a las aguas, para simbolizar que Isis se ahogó en sus propias lágrimas — el propio río Nilo.

Al otro lado del mar Mediterráneo de Egipto, todos los años en la víspera del 15 de agosto, un drama musical sagrado es cantado en la catedral de Elche, España, un «misterio» en la desaparición y asunción de la Virgen María, con las mismas palabras y música y las mismas características de la etapa que se ha utilizado por lo menos desde el siglo 15.

La solemne procesión se celebra el 15 de agosto. Se ha reconocido por todos que ni la procesión ni la obra de misterio son puramente festivales de la iglesia, y que son anteriores a la cristiandad.

La tradición "histórica" asociada con el festival Elche es muy interesante. Dicen que en mayo de 1266, o (como dicen otros) en diciembre de 1370, un "arca" se desvió hacia la costa de España. Fue etiquetada "para Elche", y se encontró que contenía una imagen de la Virgen María, así como las palabras, la música y el ceremonial de un drama litúrgico. [Para más información sobre este y otros temas relacionados, leer *Egyptian Romany: Essence of Hispania* por Moustafa Gadalla.]

7.6 CELEBRACIÓN DE SU "CUMPLEAÑOS"

En el curso normal de los acontecimientos, las crecientes aguas del Nilo comienzan a retroceder y la tierra deja de estar sumergida. La tierra es visible de nuevo, un nuevo "nacimiento" para la Tierra — para Madre Tierra — Isis.

En la actualidad Isis NUNCA muere. Ella surge cuando las aguas que rodean retroceden.

Los antiguos egipcios celebraron ese día como el *"cumpleaños"* de

Isis — tres días antes del comienzo del Año Nuevo del Antiguo Egipto. El *cumpleaños* de Isis en el Calendario Latino actual es en el 8 de septiembre. Isis es una de las cinco deidades cuyo cumpleaños se celebra antes del comienzo del Año Nuevo egipcio.

La iglesia celebra la Natividad de la Virgen María en el mismo día que el de Isis. Es un día de fiesta nacional en todos los países del Mediterráneo, y en América Central y del Sur.

7.7 CELEBRACIÓN DE NUESTRA (SANTA) MADRE DEL MAR

Como se mostró anteriormente, una de las manifestaciones de Isis es Hathor/Astarté — al igual que otras deidades egipcias, también se conoce comúnmente como Asera/Serah/Sarah, lo cual significa **noble dama**.

Para que no quede duda de su origen egipcio, Aserah siempre es retratada en su forma egipcia con una media luna y un disco en su tocado.

Hathor representa la matriz del principio espiritual metafísico, proporcionando alimento espiritual, sanación, alegría, amor, música y felicidad.

Hathor, como el símbolo de alimento espiritual, también juega un papel importante en los textos de transformación (funerarios), el suministro de la alimentación/guía espiritual requerida por el alma del difunto, a medida que viaja a través del mar cósmico. En consecuencia, Hathor/Asera es la patrona de viaje y navegación de Egipto, y como resultado, ella aparece en este papel más a menudo fuera de Egipto.

Un texto de ataúd egipcio [texto de ataúd no. 61] del Imperio Medio (2040-1783 AEC) la describe como Hathor,

> *la señora de quien se dice que "tomaba los remos de dirección de las... barcas".*

La cabeza de Hathor por lo tanto siempre se representa justo encima de la popa de los barcos, donde los timones gemelos, los cuales los pilotos expertos utilizaban para guiar la embarcación, se montaban.

En su papel de guardián de los viajeros, Hathor se llama Astarté. Por ser patrona de los viajeros sus templos se encuentran en las ciudades fronterizas. Su templo de Cádiz, España fue uno de los principales monumentos de esta ciudad santa. El papel de Astarté en el Antiguo Egipto está bien documentada. A partir de pequeños fragmentos de la época de Ramsés II (1304-1237 aC), el papel de Astarté como patrona de los viajes al extranjero es evidente. En uno de los fragmentos, el papel de Astarté como patrona de los marineros se afirma claramente:

"...Mirad, Astarté mora en la región del mar...".

Para que no quede duda de su origen egipcio, Astarté siempre es retratada en su forma egipcia y con un disco de media luna en su tocado.

En otro fragmento, Renenutet aborda Astarté:

"Mirad, si tú le traes homenaje, el tendrá piedad
hacia ti... Por lo tanto dadle su tributo en plata, oro, lapislázuli, y...madera.
Y le dijo a la Enéada de los dioses:
...el tributo del mar; que nos pueda escuchad a nosotros...".

Durante (y después de) los turbulentos tiempos de la Reconquista, muchas personas huyeron de la Península Ibérica hasta África del Norte, Egiptoy Francia. El festival más importante en el sur de Francia está en manos de la Romaní (Egipcia) en la playa por el Mar Mediterráneo, hacia el final de la primavera. El destino de peregrinación es la Iglesia de **Notre Dame de la Mer.**

El nombre de la iglesia es del Antiguo Egipto — Notre (significa nuestra santa/diosa), Dame (Da-me significa madre), de La Mer (significa cuerpo de agua/mar — igual que en español).

Esta peregrinación gitana es la más antigua de Francia.

La tradición "histórica" asociada a esta fiesta gitana tenía una conexión sólida para Egipto. Según la tradición, una joven egipcia de piel oscura llamada St. Sarah llegó en un pequeño bote sin remos ni vela, junto con dos doncellas de piel blanca, cuyos nombres eran María Salomé y María Jacobe. Se dice que su barco llegó a esta parte de la costa mediterránea, habiendo flotado a través del mar Mediterráneo, Alrededor del 42 EC.

El "nombre" del personaje protagonista de este festival también es significativo. Su nombre — Sarah — es una palabra del Antiguo Egipto que es la forma femenina de Sar = una persona de condición alta/noble. Por lo tanto, Sarah significa la **Dama Noble**, en la lengua del Antiguo Egipto. En las tradiciones del Antiguo Egipto, Santa Sara es Hathor — Patrona de viajeros por el agua. Su nombre, Sarah, es consistente con su ser — **Nuestra Santa Madre del Mar**, como se ha indicado anteriormente.

Tradiciones similares a las de un arca errando hasta las orillas de la península Ibérica se encuentran en muchos lugares. Tales tradiciones se encuentran entre otros lugares en Elche, España y Santiago de Compostela.

No es casualidad que el tema de un santo (mujer) y sus dos ángeles de la guarda (María Salomé y María Jacobe) que encontramos en el sur de Francia, también se encuentra en Elche y numerosos lugares en donde estas personas de piel oscura/morena — los descendientes de los faraones egipcios — pueden ser encontrados.

Las "Dos Marías" son las hermanas gemelas Isis y Neftis — las dos ángeles acompañantes o guías — como se describen anteriormente en este libro.

8

EL CORAZÓN MAJESTUOSO

8.1 MARÍA ISIS: LA CURA PARA TODO

En este capítulo, presentaremos el papel de Isis como la que cura todo — y cómo la humanidad está siempre buscando su ayuda.

Isis, el principio femenino, no sólo es responsable de concebir y dar vida a todas las formas de creación, sino también protege, cuida, alimenta y nutre, y usa su poder amablemente y con éxito, para todos aquellos que buscan su ayuda. Siendo la madre divina, ella es la panacea.

La población de Egipto veía a Isis como patrona cuya solicitud se extendía sobre toda la gama de necesidades humanas. Para aquellos que la necesitan, ninguna otra figura divina iguala el nivel de Isis la Virgen Madre.

Isis como la Reina de Osiris, y Madre de Dios (es decir, Horus), y su cuidado amoroso, la hicieron reina de los cielos. Su protección se buscó ansiosamente a lo largo de Egipto, extendiéndose por todo el mundo.

Ella se convirtió en la gran y benéfica netert (diosa) y madre, cuya influencia y amor impregnó todo el cielo y la tierra y el otro mundo, y se convirtió en la personificación del gran poder creativo, femenino que concibió y dio a luz a cada criatura y cosa —

desde las deidades en el cielo hasta el hombre sobre la tierra y los insectos en el suelo.

Ella era la personificación de todas las tierras labradas, el espíritu benévolo de los campos, y la netert de la cosecha. Lo que ella produjo, protegió y cuidó, alimentó y nutrió, y empleó su vida en el uso de su poder con gracia y con éxito, no sólo en la creación de nuevos seres, sino también en la restauración a la vida a los que estaban muertos. A lo largo del *Libro para salir a la Luz del Día* [conocido erróneamente como el *Libro de los Muertos*], se habla de Isis como una dadora de vida y comida para los muertos. Sus innumerables atributos inspiraron a los antiguos egipcios a llamarla Isis con los 10.000 nombres/atributos.

La población de Egipto veía a la Virgen como una patrona cuya solicitud se extendía sobre toda la gama de necesidades humanas. Ella otorgaba sus favores divinos, y era indiscriminada en la manera en que daba a todos los que le pedían. Para aquellos con necesidad, ninguna otra figura divina igualaba el nivel de la Virgen Madre y ningún otro símbolo sagrado calmaba tanto su ansiedad y satisfacía sus fantasías. Ella era la garantía del alma del hombre, por haberse negado a admitir el cuerpo de él.

Diodoro de Sicilia, en el *Libro I*, [25, 2-6], describe las mismas cualidades de la Virgen — Isis (de Egipto):

> *"Mientras que para Isis, los egipcios dicen que fue la inventora de muchos fármacos para la salud y que tiene gran experiencia en la ciencia médica. Y, por tanto, agraciada con la inmortalidad, se complace muchísimo en la curaciones de los hombres y de remedios durante los sueños a quienes se lo piden, mostrando claramente su propria aparicón y su beneficio para con los hombres que lo necesitan. Y como pruebas de eso, afirman que ellos ofrecen no mitologías como los griegos, sino hechos evidentes: casi todo el mundo habitado testifica en su favor afanándose en honras de Isis por su aparición en las curaciones.*

Isis fue considerada como un gran mago, y los antiguos papiros egipcios contienen varias alusiones a sus poderes mágicos. A partir de una serie de pasajes en los textos de diferentes períodos aprendimos que Isis poseía una gran habilidad en el poder de la magia, y varios ejemplos de la manera en que ella se servía de esta son bien conocidos. Sabía cómo tejer hechizos y cómo fabricar figuras mágicas y poseía el conocimiento de todos los nombres ocultos de todos los poderes divinos y de todos los espíritus tanto buenos como malos y los utilizaba de tal forma que cada uno de ellos estaba obligado a hacer su voluntad. Bajo sus órdenes, los poderes de la naturaleza cesaban o modificaban sus operaciones, y ella podía hacer que todo ente, tanto animado como inanimado, siguiera su voluntad.

Isis era muy hábil en el uso de palabras de poder, y era conocida como

Maestra de hechizos.
Señora de Palabras de Poder.

Uno de los amuletos más potentes conocidos por los egipcios era el objeto thet, que llevaba consigo la influencia de su sangre, y los poderes mágicos, y palabras de poder. Lo más probable es que fuera una representación convencional del útero con sus ligaduras, y la vagina. Una analogía sugiere que el amuleto, el símbolo todopoderoso de Isis, representa a algún órgano de su cuerpo.

Isis representa el principio de permanencia. Ella atraía a todos como el tipo y símbolo de todo lo que es grandioso y mejor de la mujer en su carácter como desinteresada, fiel, tierna, cariñosa, y eterna Madre del Mundo.

8.2 HOMENAJE A LA REINA

Los adoradores de Isis no se limitan a la tierra de Egipto, sino que se encuentran en todas partes. En *el asno de oro de Apuleyo de Madaure*, Lucio ora a Isis con estas palabras:

"Reina del Cielo — la madre e inventora de las mieses, que, llena de alegría por haber encontrado a tu hija, desterrando la salvaje comida de la bellota, enseñando al hombre una comida suave y apetitosa, ahora habitas los campos de Eleusis;ya seas la celestial Venus, que en los albores del mundo, al engendrar al Amor, uniste a los dos sexos en el poder del Amor que nace de ti, y, después de que hiciste nacer la raza de hombres que deberá perdurar de generación en generación; o con la curación suave traes alivio del parto a las mujeres y has criado tales multitudes, tú que con tu tierna luz femenina iluminas las paredes de todas las ciudades y con tus incendios húmedos nutres las semillas que brotan, y dispensas tus rayos que se mueven y cambian con los cambios en el sol por cualquier nombre, por cualquier rito, cualquiera que sea tu nombre, tu rito o figura, es justo invocarte".

A esta oración Isis respondió así:

"Yo he venido, madre de la naturaleza, amante de todos los elementos, la primer descendencia engendrada de todas las edades, la más poderosa de las deidades, reina de los muertos, primer habitante del cielo, en cuyo aspecto se mezclan todas las energías divinas. Con mi caña reino las alturas resplande-

cientes del cielo, la brisa sanadora del mar, el silencio triste del mundo subterráneo. Toda la tierra adora a mi Dios, uno e individual, bajo muchos cambios de forma, con variados ritos y por muchos nombres diversos".

homenaje a Isis la Reina del cielo y de la Tierra

La divina, con los 10.000 atributos:

Isis:

La reina de todas las fuerzas divinas.
La señora del principio de los tiempos.
La creadora del alba.
La señora de los cielos.
La dadora de la luz del cielo con Re.
La reina de la tierra.
La Señora de la tierra sólida.
La llama ardiente.
La madre de dios.
La Dadora de Vida.
La Señora de la Vida.
La Señora de gozo y alegría.
La Señora del Amor.
La Tejedora.
Cuyo hijo es el señor de la tierra.
La amada en todas las tierras

En cuanto a Egipto, la casa de Isis, la mayoría silenciosa nunca cambió las antiguas tradiciones, y sus atributos o los llamados nombres nunca han muerto, porque ella es:

7 Banat — las siete doncellas, específicamente Hatores — Venus.
Setna Aisha — la Señora del Pan — la dadora de vida.
Setna Fattma — la señora que destetó a su hijo.

Setna Sekina — la señora de la serenidad.
Setna Mariam — la madre amada (Mari-Om).
Setna Zeneib — la casa más alta (cenit-b).
Setna Ttahra — la Virgen — la pura.
Setna Nafisa — la más querida — dadora de la respiración,
dando vida.
Set el Kol — la señora de todo — la dama del universo.

La amada en todas las tierras.

1

APÉNDICE 1: COSMOLOGÍA Y ALEGORÍAS EGIPCIAS

La totalidad de la civilización egipcia se basa en una comprensión completa y precisa de las leyes universales. Esta profunda comprensión se manifestó en un sistema consistente, coherente y interrelacionado, donde se entrelazan el arte, la ciencia, la filosofía y la religión, y se emplearon simultáneamente en una sola unidad orgánica.

La cosmología egipcia se basa en principios científicos y filosóficos coherentes. El conocimiento cosmológico del Antiguo Egipto se expresó en forma de cuento, que es un medio superior para expresar conceptos físicos y metafísicos. Cualquier buen escritor o profesor sabe que las historias son mejores que la exposición para explicar el comportamiento de las cosas, porque las relaciones de las partes entre sí y con el todo, se guardan mejor en la mente. La información por sí sola no sirve de nada, a no ser que se transforme en conocimiento.

Las sagas egipcias transformaron los sustantivos y adjetivos de los hechos (indicadores de cualidades comunes) en nombres propios pero conceptuales. Estas además fueron personificadas, por lo que podrían ser tejidas en narrativas coherentes y significativas. La personificación se basa en su conocimiento de que el hombre fue hecho a la imagen de Dios, y como tal, el hombre representó la imagen creada de toda la creación.

Las alegorías se eligen intencionalmente como un medio para la comunicación de conocimiento. Las alegorías dramatizan las leyes, principios, procesos, relaciones y funciones cósmicas, y las expresan de una manera fácil de comprender. Una vez que los significados internos de las alegorías han sido reveladas, se convierten en maravillas de la simultánea integridad y brevedad científica y filosófica. Cuanto más se estudian, más ricas se vuelven. La "dimensión interna" de las enseñanzas incrustadas en cada historia son capaces de revelar varias capas de conocimiento, de acuerdo con la etapa de desarrollo del oyente. Los "secretos" se revelan a la vez que uno evoluciona. Cuanto más alto llegamos, más nos damos cuenta. Siempre está ahí.

Los egipcios (antiguos y actuales Baladis) no creen/creían que sus alegorías fueran hechos históricos. Ellos creían en las historias, en el sentido de que creían en la verdad por debajo.

Hemos demostrado anteriormente tres materias diferentes que se explican en forma de cuentos, utilizando cuatro conceptos personificados: Isis, Osiris, Horus, y Seth:

> 1 – Los principios solares y lunares, representados por Isis y Osiris.

> 2 – La numerología y la trigonometría como se describe en la relación entre el padre [Osiris], la madre [Isis], y el hijo [Horus] son análogas a las del triángulo de ángulo recto 3:4:5.

> 3 – Los cuatro elementos del mundo (agua [Osiris], fuego [Seth], tierra [Isis], Y aire [Horus]), como se citó de Plutarco de su *Moralia Vol. V*.

Las obras de misterio bien elaboradas de los egipcios son un medio elegido intencionadamente para comunicar conocimientos. El significado y la experiencia mística no están vinculados a una interpretación literal de los acontecimientos. Una vez que los significados internos de las narrativas han sido reveladas, se convierten en maravillas de la simultánea integridad y brevedad científica y filosófica. Cuanto más se estudian, más ricas se vuelven. Y enraizada en la narrativa como es, la parte nunca puede ser confundida con el todo, ni su significado funcional puede ser olvidado o distorsionado.

2

APÉNDICE 2: LO UNIVERSAL ALEGORÍA EGIPCIA — ISIS Y OSIRIS

La alegoría egipcia de Isis y Osiris explica prácticamente todas las facetas de la vida.

La siguiente es una versión abreviada de la historia de la alegoría egipcia de Isis y Osiris, con énfasis en el papel de Isis, como el principio, manifestaciones y aplicaciones femeninas divinas. La narrativa se muestra dividida en segmentos, cada uno seguido por una evaluación metafísica concisa de cada segmento.

Este relato es una compilación de templos antiguos egipcios, tumbas y papiros, de hace más de 3.000 años antes del cristianismo, y es como sigue:

Atam/Atum quien se creó a sí mismo, engendró a los gemelos Shu y Tefnut, quienes a su vez dieron a luz a Nut (el cielo/espíritu) y Geb (la tierra/materia).

La unión de Nut (espíritu) y Geb (materia) produjo cuatro vástagos: Osiris, Isis, Seth y Neftis.

>> **Al igual que el Jesús de la Biblia, Osiris simboliza lo divino en una forma mortal — combinando tanto espíritu (Nut) como materia (Geb).**

La alegoría egipcia dice que Osiris se casó con Isis, y Seth se casó con NepthysNebt. Osiris se convirtió en el rey de la tierra (Egipto) después de casarse con Isis.

>> La historia establece la base para la sociedad matrilineal/ matriarcal. Isis es la heredera legal.

Osiris trajo la civilización y la espiritualidad de la gente, lo que les permite alcanzar la prosperidad. Él les dio un cuerpo de leyes para regular su conducta, resolvió sus disputas con justicia, y los instruyó en la ciencia del desarrollo espiritual.

Habiendo civilizado Egipto, viajó por todo el mundo para difundir las mismas instrucciones. Adondequiera que Osiris iba traía paz y aprendizaje a las personas.

>> Osiris, que representa el alma universal, está siempre en movimiento. Él viaja, mientras que el principio femenino Isis es el símbolo de estabilidad. Él difundió los pensamientos de Isis en todo el mundo.

>> Entre los dos evangelistas (Osiris y Jesús), hay vívidas similitudes.

> **– El hijo divino desciende del cielo.**
> **– Dios bajó a la tierra para guiar el mundo.**
> **– Ambos habían viajado para difundir la palabra.**

Cuando Osiris regresó de su misión, fue recibido con un banquete real. Osiris fue engañado por Seth — el maligno y sus cómplices en acostarse dentro de un ataúd improvisado. El grupo malvado rápidamente cerró y selló el baúl, y lo arrojó en el Nilo. Seth se convirtió en el nuevo faraón — mientras que el ataúd que contenía el cuerpo sin vida de Osiris desembocaba en el Mar Mediterráneo.

>> Tanto Jesús como Osiris fueron traicionados por comensa-

les (Jesús por Judas, y Osiris por Seth) en sus propios banquetes privados.

Al recibir la noticia de la suerte de Osiris y su desaparición, Isis estaba de luto y prometió no descansar hasta encontrar a su amada perdida Osiris — ya que su corazón no podía vivir sin su alma gemela. El poder del amor y la devoción hicieron que se moviera. No había nada que se podía interponer en su camino. Ella haría lo que fuera necesario, porque debía reunirse con su alma, es decir, Osiris.

Isis buscó por todas partes, abordando a todos los que encontraba, incluyendo niños

>> 1. Esto refleja la entrega total y compromiso de encontrar y seguir el camino espiritual que la reuniría con Osiris quien es descrito en los textos egipcios como *"el Manifestador de la Verdad"*.

>> 2. Isis no era pasiva, sino muy activa en la búsqueda en todas partes, abordando a todos los que encontraba, incluyendo a los niños. Los niños representan el poder de adivinación, que es un modo de obtener conocimiento que está más allá de nuestros sentidos humanos limitados.

La historia continúa diciendo que el ataúd de Osiris fue tomado por las olas y llevado a la costa de un país extranjero. Allí donde llegó, brotó un árbol que encerraba el cuerpo de Osiris. El árbol creció grande, hermoso y fragante.

Las noticias de este magnífico árbol llegaron a oídos del rey de esta tierra extraña, que ordenó que el árbol fuera cortado, y le trajeran su tronco. Él utilizó el tronco como una columna en su casa sin saber el gran secreto que contenía en su interior.

>> Esta es la referencia al árbol de la vida, y todo lo que ello

implica. También es una referencia a la columna Tet (Djed) de Osiris.

En el cristianismo, esto se convirtió en el árbol de Navidad.

Isis tuvo una revelación en sus sueños de que el cuerpo de Osiris estaba en esta tierra extranjera. Por lo que de inmediato viajó allí.

Entonces llegó vestida como plebeya y se hizo amiga de las doncellas de la reina y fue capaz de conseguir un trabajo en el palacio como enfermera del príncipe bebé con el fin de estar cerca de la columna de madera que contenía el cuerpo de su amado Osiris.

>> Esto es notable, ya que allí estaba Isis... la reina de Egipto... sirviendo a los demás sin excepción, para lograr la UNIÓN con su amor — Osiris.

Luego, Isis confesó su identidad a la reina y el propósito de su misión. Entonces Isis le pidió al rey la columna. El rey le concedió su petición y ella rascó profundamente hasta sacar el baúl.

Isis volvió de nuevo a Egipto con el cofre conteniendo el cuerpo sin vida de Osiris. Ella escondió el cuerpo en las marismas del delta del Nilo.

Cualquier mujer que realmente ame a su marido se considera como Isis, y tiene el poder de despertar en él una mayor vida, como Horus. El padre S.J. Vann comparó el despertar de Cristo por María Magdalena, al salir de su tumba, a Isis despertando a Osiris de los muertos.

La comparación entre los dos casos se ilumina en el *Lamento de Isis por la muerte de Osiris*, en el que Isis y su hermana Neftis lloraron la muerte de Osiris, y le rogaron volver a la vida. El texto de este dúo se derivó de un lamento mucho mayor.

El *Lamento de Isis por la muerte de Osiris* fue descrito por Andrew

Lang por "tener el poder de agitar nuestras emociones más pro-
fundas":

Cantemos Osiris muerto,
Lamentemos la cabeza caída:
La luz ha dejado el mundo, el mundo es de color gris.
A través del cielo estrellado
La red de oscuridad vuela,
E Isis llora Osiris falleció.
Sus lágrimas, estrellas, incendios, ríos se vierten,
Llorad, hijos del Nilo, llorad por vuestro señor muerto!
Suavemente pisamos, nuestros pasos medidos cayendo
Dentro del santuario siete veces;
Suavemente a los muertos que viven estamos llamando:
¡Regresa Osiris, de tu Reino frío!
Regresa a los que te adoran de antes.
Dentro de la divina corte
El sagrado santuario séptuple
Pasamos, mientras que los ecos de las paredes del templo
Repiten el largo lamento, El sonido de la tristeza envia-
ron
En lo alto dentro de salas imperecederas,
Dónde, cada uno en los brazos de otro, las hermanas llo-
ran,
Isis y Neftis sobre su sueño pesado.

Suavemente pisamos, nuestros pasos medidos cayendo
Dentro del santuario siete veces;
Suavemente a los muertos que viven estamos llamando:
¡Regresa Osiris, de tu reino frío!
Regresa a los que te adoran de antes.
O habitante en el oeste,
amante y señor,
¡Tu amor, tu hermana Isis, te llama a casa!
Ven de tu cámara parda,
Tu maestro del sol,

¡Tu cámara sombreada muy por debajo de la espuma!
Con alas cansadas y gastadas
A través de todo el firmamento,
A través de todas las formas de terror del infierno,
te busco cerca y de lejos,
De estrella a estrella errante,
Libre con los muertos que habitan en Amenti.
Busco la altura, la profundidad, las tierras, los cielos,
resucitar de los muertos y vivos, nuestro señor Osiris
¡Levántate!

Isis quería que su marido viviera. El cuerpo sin vida de Osiris no pararía a Isis, pues donde hay una voluntad hay un camino. Por lo tanto, quería tener a su hijo por cualquier medio.

Ella usó sus poderes mágicos para transformarse en una paloma. Dibujando la esencia de Osiris, concibió un hijo — Horus.

En otras palabras, Isis se impregnó por el espíritu santo de Osiris.

>> 1. Esta acción simboliza la reencarnación y el renacimiento espiritual, una clave para entender la creencia egipcia en la vida después de la muerte.

En su papel más específico, Isis es la matriz de la cual la nueva vida después de la muerte de Osiris se levanta.

>> 2. La concepción de Horus de Isis por ningún hombre viviente es la versión más antigua documentada de una Concepción Inmaculada. El papel de Isis en la Historia del Modelo Egipcio y la historia de la Virgen María son sorprendentemente similares, ya que ambas fueron capaces de concebir sin la impregnación de un hombre, y, como tal, Isis fue venerada como la Virgen Madre.

>> 3. En un nivel puramente intelectual, vemos aquí que el principio femenino (Isis) está creando la esencia del hombre

Osiris para ser impregnada por él. En otras palabras, el principio femenino del intelecto genera el principio masculino del alma para que una descendencia pueda nacer y el proceso de creación pueda continuar. Este pensamiento egipcio da un significado más profundo a la Inmaculada Concepción.

Cuando Seth se enteró del nuevo hijo, Horus, fue a matar al recién nacido. Al enterarse de que Seth venía, se le dijo a Isis que llevara a Horus a un lugar apartado en las marismas del delta del Nilo, donde ella lo mantuvo a salvo y lo crió.

Durante sus primeros años, Horus, el niño, fue picado de muerte por un escorpión e Isis fue capaz de utilizar una fórmula mágica para traer a su hijo de vuelta a la vida.

>> Esta es la fuente de la historia en la que Herodes, al oír sobre el nacimiento del Jesús bíblico, se dispuso a destruir todos los varones recién nacidos.

En el Nuevo Testamento el ángel del Señor le dice a José: "Levántate, toma al niño y a su madre y huye a Egipto".

La historia continúa diciendo que una noche (cuando Isis estaba cuidando a Horus mientras se escondían), y cuando la luna estaba llena, el malvado Seth y sus cómplices encontraron el cofre que contenía el cuerpo sin vida de Osiris y lo cortaron en catorce pedazos. El número catorce simboliza el número de días necesarios para dar forma a una luna llena.

Osiris representa el principio lunar en el universo y es conocido como Osiris la Luna.

>> La luna refleja el poder del sol. Isis el principio femenino, representa el sol. Osiris el macho, representa la luna.

Cuando Isis escuchó acerca de cómo Seth y sus cómplices cortaron a Osiris en muchos pedazos y lo dispersaron por toda la tierra, su trabajo fue buscar cerca y lejos con el fin de recoger y juntar los pedazos de nuevo.

>> 1. Una recuerda y recoge con el fin de sanar y no olvidar nunca. Las acciones de Isis para reunir y recordar son para juntar los pedazos con el fin de lograr la unidad con lo Divino.

>> 2. Mediante la recolección y el recuerdo de la historia de Isis y Osiris, tenemos en nuestros corazones un cuento que expresa, en palabras de Joseph Campbell, "la inmanencia de la divinidad en las formas fenoménicas del universo."

>> 3. Enlazar o unir es el significado de la palabra "Latina" RELIGIO, que es la raíz de la palabra "religión".

Durante la búsqueda de los pedazos rotos, Isis buscó la ayuda de Anubis, la guía divina, para que sirviera como su guía y protectora. Ella también buscó la ayuda de Thoth, quien proporcionó el conocimiento y la sabiduría en su camino espiritual.

>> 1. Esto significa la necesidad de una guía espiritual en su camino. Anbu representa (como un perro) el explorador (espiritual).

>> 2. El conocimiento y la sabiduría, como se representa por Thoth, se necesitan para viajar en el camino espiritual.

Isis, con la ayuda de otros, recogió todos los pedazos excepto el falo, que fue tragado por un pez en el Nilo. Ella entonces reunió el cuerpo desmembrado de Ausar y, con la ayuda de los demás, lo envolvió en vendas de lino, y lo momificó.

Thoth, Isis y Horus realizaron la ceremonia de **abrir la boca** de la momia, y Osiris fue traído de vuelta a la vida como el Juez y Rey de los Muertos (el pasado), mientras que Horus tomó su lugar como rey de los vivos (el presente).

>> Esto representa el eterno ciclo del poder espiritual en la tierra: El rey ha muerto (Osiris); Larga vida al Rey (Horus).

Tan pronto como Horus creció a la edad adulta, desafió a Seth por el derecho al trono en lo que se llamó la Gran Pelea/Lucha en el desierto. Hubo una serie de batallas entre Horus y Seth. Tal ilustra cómo la vida es una continua búsqueda de lo divino dentro de nosotros mismos, como se simboliza por Horus y Seth.

La lucha interior arquetípica en el modelo egipcio está simbolizado en la lucha entre Horus y Seth. Es la lucha arquetípica entre fuerzas opuestas. Horus, en este contexto, es el hombre divino, nacido de la naturaleza, que debe hacer batalla contra Seth, sus parientes, representan el poder de la oposición y no el mal en el sentido estricto. Seth representa el concepto de oposición en todos los aspectos de la vida (física y metafísicamente).

>> En realidad, esto representa la lucha interna dentro de cada uno de nosotros, como lo simboliza la dualidad de Horus y Seth.

Por último, tanto Horus y Seth fueron al consejo de neteru (dioses/diosas) para determinar quién debe gobernar. Ambos presentaron sus casos. El consejo de neteru decidió que Horus debería gobernar sobre las áreas habitables/pobladas, y Seth debería gobernar sobre los desiertos/eriales.

>> Esto demuestra el concepto y la aplicación de la resolución de conflictos mediante juicio con jurado, etc.

La alegoría de Isis y Osiris nos muestra qué es el amor y cómo el VERDADERO AMOR lo conquista todo.

3

APÉNDICE 3: CORAZÓN Y ALMA — REFLEXIONES METAFÍSICAS

Hemos visto cómo el corazón lleno de amor intelectual de Isis concibió el plan de creación y cómo Isis enseguida trajo el plan de la creación a la vida por la concepción del alma como el principio divino masculino. Sin embargo, la vida es cíclica en su naturaleza y no requiere renovación y renacimiento. Asi que Isis la hembra, está constantemente renovando la vida al alma, para que la creación pueda seguir y seguir. El corazón de Isis no pueden vivir sin el bienestar del alma del principio masculino — Osiris.

Como tal Isis y Osiris son el corazón y el alma del universo.

<u>El Corazón</u>

El corazón "divino", aunque está conectado de algún modo misterioso con el corazón físico de cada individuo, no está hecho de carne y hueso. A diferencia del "corazón" inglés, su naturaleza es más bien intelectual que emocional, pero mientras que el intelecto no puede obtener un conocimiento real de la Divinidad, el corazón divino es capaz de conocer la esencia de todas las cosas, y cuando se ilumina por la fe y el conocimiento, refleja la totalidad del contenido de la mente divina.

El corazón purificado divino es la parte de la humanidad que participa de la esencia de la divinidad.

El corazón es aquel órgano de percepción, que es capaz de conocer todos los niveles de la realidad, y de conocer el conjunto, así como las partes. Puede ser que lo que el corazón puede saber es lo máximo que un ser humano puede saber, que es el infinito.

El corazón corresponde a *conciencia* y, como tal, se identifica con la totalidad de todos los órganos de conocimiento.

El corazón puede ser entendido como la totalidad de las facultades subconscientes, cualitativas, que funcionan de una manera unificada.

El corazón puede ser entendido como el centro del inconsciente, el poder integrador potencial en nuestra esencia.

El corazón es el símbolo para la contemplación y el contacto metafísico interior.

El corazón contiene un punto de contacto con la dimensión infinita del Espíritu, la fuente de todas las cualidades.

Mantener el presente divino en nuestro corazón significa que la Divinidad se convertirá en nuestra realidad. Esta esencia se convertirá en nuestra esencia. Este poder se convertirá en nuestro poder. Esta plenitud es nuestra plenitud.

El corazón es el punto en el que el ser humano individual es más cercano a la realidad divina.

El alma

El corazón contiene el alma — aliento de la vida.

El inicio de la respiración es como una emanación divina de la potencialidad a realmente proceder sin interrupción o restricción hasta que la forma se complete y se perfeccione.

Hay un sólo aliento que explica el origen de los otros; y este aliento surge en el corazón, pasa de allí a los principales centros del cuerpo, deteniéndose en ellos el tiempo suficiente para que puedan impartirle sus respectivas propiedades temperamentales.

Es este aliento "principal" asociado con el corazón el que se identifica con la fuerza de la vida misma y es el vínculo entre lo corporal y los aspectos sutiles y espirituales del ser del hombre. Es el aliento humano que hace posible el perfecto equilibrio y el equilibrio de los elementos, la condición necesaria para la manifestación del intelecto.

La respiración es el nexo entre el mundo físico y el psíquico y espiritual, y juega un papel fundamental no sólo en las funciones fisiológicas del ser humano, sino también en su liberación de la vida del cuerpo.

La Purificación del Corazón y del Alma — Voluntad y Camino

El corazón contiene un punto de contacto con la dimensión infinita del alma, la fuente de todas las cualidades. Si podemos permitir que el Alma en lugar del ego gobierne nuestros corazones, una nueva vida fluye adentro. En esta etapa comenzamos a purificarnos de las distracciones mentales y proyecciones. Disolvemos las imágenes propias, nuestras ficciones narcisistas. Aprendemos a mantener nuestros procesos de pensamiento en alineación con la realidad divina a través de una relación más consciente con ella. Comenzamos a ver la Divina Realidad más claramente en la multiplicidad de formas.

El corazón puede ser entendido como la totalidad de las facultades subconscientes, cualitativas, que funcionan de una manera unificada. Una vez activadas, estas facultades se apoyan y se esclarecen mutuamente, similar a como la coordinación ojo —

mano es superior a ya sea el tacto o la vista por si solas. Aunque estas funciones parecen estar separadas, sirven un propósito unificador, que es conocer la unidad más allá de la multiplicidad. Son medio sutil de la realización de la unidad del sistema nervioso.

La comprensión del corazón humano y la divulgación de las cualidades espirituales que contiene es la obra de toda la vida, arte y espiritualidad. Nuestro propósito en la vida es conocer el corazón sin los velos de nuestros miedos, preocupaciones, deseos y estrategias. Un corazón humano es el holograma de los universos visibles e invisibles, la parte que refleja la totalidad.

La purificación del corazón es una educación integral que tiene dimensiones físicas, intelectuales, psicológicas y morales. Y sin embargo, todo este trabajo es más eficaz si se puede proceder en el contexto ilimitado del corazón.

Para lograr el objetivo de convertirse en Isis, hay que lograr la pureza del corazón. El aspirante, en el modelo egipcio, aprende a purificar su yo interno domando vicios y practicando lo opuesto de dichos vicios en la sociedad. El conocimiento es adquirido por la mente y eso adquirido por la experiencia.

La purificación interior debe ser completada mediante la práctica de buen comportamiento social en la vida cotidiana ordinaria. Cada acción se imprime sobre el corazón. El ser interior de una persona es realmente el reflejo de sus obras y acciones. Hacer buenas acciones establece así buenas cualidades internas; las virtudes impresas en el corazón a su vez presiden la actuación de las extremidades. Cada acción, pensamiento y hazaña crea una imagen en el corazón, volviéndose un atributo de la persona.

Esta maduración del alma a través de los atributos adquiridos conduce a visiones místicas y a la última unificación progresiva con lo Divino. Recíprocamente, el conocimiento obtenido por el intelecto y la intuición es la fuente de la virtud que debe ser practicada en la vida ordinaria. La lucha por la virtud y la visión de lo Divino, son aspectos de una única realización progresiva en el curso de la cual el aspirante se vuelve más sabio, hasta que alcanza la totalidad del ser que implica simultáneamente la visión mística y la piedad ordinaria. [Más detalles sobre este tema se encuentran en *Egyptian Mystics: Seekers of The Way* por Moustafa Gadalla.]

4

BIBLIOGRAFÍA SELECCIONADA

Ameen, Ahmed, *The Egyptian Customs, Traditions and Expressions*, Cairo, 1999 [texto en árabe].

Baines, John y Jaromir Málek, *Atlas of Ancient Egypt*, New York, 1994.

Bleeker, C.J., *Egyptian Festivals: Enactments of Religious Renewal*, Leiden, 1967.

Breasted, James Henry, *Ancient Records of Egypt*, 3 Vol. Chicago, USA, 1927.

Budge, E. A.Wallis, *Amulets and Superstitions*, NewYork, 1978.

Budge, E. A. Wallis, *Cleopatra's Needles and Other Egyptian Obelisks*, London, 1926.

Budge, E. A. Wallis, *The Decrees of Memphis and Canopis*, 3 Vol., London, 1904.

Budge, Sir E. A. Wallis, *Egyptian Language: Easy Lessons in Egyptian Hieroglyphics*, New York, 1983.

Budge, E. A. Wallis, *Egyptian Magic*, New York, 1971.

Budge, E. A. Wallis, *Egyptian Religion: Egyptian Ideas of the Future Life*, London, 1975.

Budge, E. A. Wallis, *From Fetish to God in Ancient Egypt*, London, 1934.

Budge, E. A.Wallis, *The Gods of the Egyptians*, 2 Vol., New York, 1969.

Budge, Wallis, *Osiris & The Egyptian Resurrection*, (2 Vol.), New York, 1973.

Catholic Encyclopedia, Online Edition, 1999, http://www.newadvent.org/cathen/

Clement Stromata, Book V, chapter IV [www.piney.com/ Clement-Stromata-Five.html].

Diodoro de Sicilia, *Libros I, II, y IV*, tr. por C. H. Oldfather, London, 1964.

Diodoro de Sicilia, *Vol. 1*, tr. por C.H. Oldfather, London, 1927.

Libro Egipcio de los Muertos (*Libro para salir a la Luz del Día.*), *El Papiro de Ani*, USA, 1991.

Erman, Adolf, *Life in Ancient Egypt*, New York, 1971.

Farouk Ahmed Moustafa, *The Mouleds: A Study in the Popular Customs and Traditions in Egypt*, Alexandria, 1981 [texto en árabe].

Findlen, Paula, *Ed. Athanasius Kircher: The Last Man Who Knew Everything*, New York, 2004.

Gadalla, Moustafa:

– *Ancient Egyptian Culture Revealed*, USA, 2007.

– *Egyptian Cosmology: The Animated Universe – 2nd edition*, USA, 2001.

– *Egyptian Divinities: The All Who Are THE ONE*, USA, 2001.

– *Egyptian Harmony: The Visual Music*, USA, 2000.

– *Egyptian Mystics: Seekers of the Way*, USA, 2003.

– *The Ancient Egyptian Roots of Christianity*, USA, 2007.

– *Egyptian Rhythm: The Heavenly Melodies*, USA, 2002.

– *Egyptian Romany: The Essence of Hispania*, USA, 2004.

– *Historical Deception: The Untold Story of Ancient Egypt*, USA, 1999.

Gilsenan, Michael, *Saint and Sufi in Modern Egypt*, Oxford, 1973.

Godwin, Joscelyn, *Athanasius Kircher: A Renaissance Man and the Quest for Lost Knowledge*, London, 1979.

Greek Orthodox Archdiocese of America website: www.goarch.org. 2002.

Hare, Tom, *Remembering Osiris*, Stanford, CA, USA, 1999.

Heródoto, *Las Historias*, tr. por Aubrey DeSelincourt, London, 1996.

Kastor, Joseph, *Wings of the Falcon, Life and Thought of Ancient Egypt*, USA, 1968.

Kircher, Athanasius, *Oedipus Aegyptiacus* (3 Vol.), Rome, 1652-4.

Maxwell-Stuart, P. G., Ed. *The Occult in Early Modern Europe*, New York, USA, 1999.

Nicholson, Reynold A., *The Mystics of Islam*, New York, 1975.

Piankoff, Alexandre, *The Tomb of Ramesses VI*, New York, 1954.

Piankoff, Alexandre, *Mythological Papyri*, New York, 1957.

Piankoff, Alexandre, *The Litany of Re*, New York, 1964.

Piankoff, Alexandre, *The Pyramid of Unas Texts*, Princeton, NJ, USA, 1968.

Piankoff, Alexandre, *The Shrines of Tut-Ankh-Amon Texts*, New York, 1955.

Platón, *The Collected Dialogues of Plato including the Letters*, Editado por E. Hamilton & H. Cairns, New York 1961.

Plotinus, *The Enneads*, in 6 Vol., tr. por A. H. Armstrong, London, 1978.

Plotinus, *The Enneads*, tr. por Stephen MacKenna, London, 1991.

Plutarco, *De Iside Et Osiride*, tr. por J. Gwyn Griffiths. Gales, U.K., 1970.

Plutarco, *Moralia de Plutarco*, volumen V, tr. por Frank Cole Babbitt, London, 1927.

Pritchard, JamesB., Ed. Ancient Near Eastern Texts, Princeton, NJ, USA, 1955.

Shafer, Byron E., (Ed.) *Religion in Ancient Egypt*, Ithaca, NY, USA, 1991.

Shah, Idries, *The Sufis*, New York, 1964.

Wilkinson, J. Gardner, *The Ancient Egyptians: Their Life and Customs*, London, 1988.

Varias fuentes de Internet.

Numerosas referencias en lengua árabe.

5

FUENTES Y NOTAS

El autor está muy bien informado en varios idiomas, tales como las lenguas egipcias y árabes. También está muy bien informado en el Islam, habiendo nacido — musulmán en Egipto y ser sometido a estudios islámicos durante toda su vida.

Las referencias a las fuentes de la bibliografía seleccionada de la sección anterior, solamente hace referencia a los hechos, acontecimientos y fechas, y no a las interpretaciones de dicha información.

Cabe señalar que si se hace una referencia a uno de los autores de los libros de Moustafa Gadalla, cada uno de sus libro contiene apéndices para su propia bibliografía extensa, así como las fuentes y notas detalladas.

Capítulo 1: La Madre de la Creación

1.1 Su Nombre
Gadalla [cosmología, Divinidades], Plutarco, Budge [Libros]

1.2 La Matriz Universal
Gadalla [Cosmología, Divinidades], Plutarco, Budge [Libros], Kastor, Piankoff [Libros]

Gadalla [Místicos, Romaní, Cristianismo], Budge [Osiris], Plutarco

7.5 Isis: Señora de la Asunción
Gadalla [Místicos, Romaní, Cristianismo], Budge [Osiris]

7.6 Celebración de su 'Cumpleaños'
Gadalla [Místicos, Romaní, Cristianismo], Budge [Osiris]

7.7 Celebración de Nuestra (Santa) Madre del Mar
Gadalla [Místicos, Romaní, Cristianismo], Budge [Osiris], Erman

Capítulo 8: El Corazón Majestuoso

8.1 Maria Isis: La Cura Para Todo
Gadalla [Místicos, Romaní, Cristianismo], Budge [Osiris], Diodoro

8.2 Homenaje a la Reina
Gadalla [Místicos, Romaní, Cristianismo], Budge [Osiris], Gadalla como egipcio nativo.

Apéndice 1: Alegoría y cosmología egipcia

Gadalla [Cosmología, Místicos, Cristianismo], Bleeker, Plutarco, Diodoro

Apéndice 2: La Alegoría Egipcia Universal — Isis y Osiris

Gadalla [Cosmología, Místicos, Cristianismo], Budge [Osiris, Dioses], Diodoro, Plutarco

Apéndice 3: Corazón y Alma — Reflexiones Metafísicas

Gadalla [Místicos, Cosmología, Cristianismo], Budge [Osiris, dioses], Diodoro, Plutarco, Shah, Nicholson.

www.ingramcontent.com/pod-product-compliance
Lightning Source LLC
Chambersburg PA
CBHW052036150726

48002CB00002B/636